Chinese History for Teenagers
少年中国史

社会大变革下的争锋
战国

佟洵　赵云田·主编

③

北京理工大学出版社
BEIJING INSTITUTE OF TECHNOLOGY PRESS

版权专有　侵权必究

图书在版编目（CIP）数据

社会大变革下的争锋：战国/佟洵，赵云田主编. —北京：北京理工大学出版社，2020.6　（2021.2重印）
ISBN 978-7-5682-8295-6

Ⅰ.①社… Ⅱ.①佟…②赵… Ⅲ.①中国历史-战国时代-少年读物 Ⅳ.①K231.09

中国版本图书馆 CIP 数据核字（2020）第 049864 号

社会大变革下的争锋
战国

出版发行	/北京理工大学出版社有限责任公司
社　　址	/北京市海淀区中关村南大街5号
邮　　编	/100081
电　　话	/（010）68914775（总编室）
	（010）82562903（教材售后服务热线）
	（010）68948351（其他图书服务热线）
网　　址	/http://www.bitpress.com.cn
经　　销	/全国各地新华书店
印　　刷	/河北盛世彩捷印刷有限公司
开　　本	/710毫米×1000毫米　1/16
印　　张	/14
字　　数	/236千字
版　　次	/2020年6月第1版　2021年2月第6次印刷
定　　价	/34.00元

责任编辑/顾学云
文案编辑/朱　喜
责任校对/周瑞红
责任印制/边心超

图书出现印装质量问题，请拨打售后服务热线，本社负责调换

前言

人民教育出版社编审　马执斌

　　从公元前475年至公元前221年是我国历史上的战国时期。战国时期的特点是：政治上各国相继变法图强，彼此混战争雄，兼并战争愈演愈烈，统一形势最终形成；经济上封建领主土地所有制向地主土地所有制过渡；文化上呈现百家争鸣，学术繁荣的局面。

　　文献记载：战国初年有十几个国家。大国是齐、楚、燕、韩、赵、魏、秦，即所谓的"战国七雄"。魏国率先变法，秦国变法最成功。本来七雄中秦国居西方，最落后。东方六国看不起秦国。公元前356年，秦孝公为洗刷诸侯卑秦的耻辱，任用商鞅变法。新法规定：废井田，开阡陌，国家承认土地私有，允许自由买卖。奖励耕战，生产粮食布帛多的人，可以免除徭役；战争中军功越大，授予的爵位越高，赐给的田宅越多。贵族没立军功的，就没有爵位，不能享受特权。建立县制，将全国划分为41个县，由国君派官吏治理。商鞅变法以后，秦国日益强盛，开始不断向东方扩张。

　　秦国东扩的矛头首先指向魏国。公元前354年，秦夺取了魏的少梁（今陕西韩城）。公元前352年，商鞅率兵攻魏河东，取安邑（今山西夏县西北）。公元前340年，商鞅攻魏，大破魏军，俘公子卬。秦国对外用兵，不断胜利，到秦昭王末年，属于三晋的上郡、河东、上党、河内、南阳等地都被秦攻占。秦国南面有巴、蜀以及汉中郡、黔中郡、巫郡。疆域之辽阔，东方六国没有能与其匹敌者。

　　公元前246年，秦王政即位，吕不韦为相。吕不韦招集天下宾客，辑合百家九流学说，编纂《吕氏春秋》，为灭六国、统一天下，构建文化根基。

　　公元前237年，秦王政亲自执政，由李斯辅佐，开始扫荡六国。秦王政采取远交近攻，各个击灭的策略，同时不惜重金收买六国权臣使其内部分化，便于利用。公元前230年，秦灭韩，设置颍川郡。公元前228年，秦施反间计杀赵将李牧，次年攻陷邯郸，俘虏赵王迁，赵公子嘉逃到代。公元前226年，秦破燕，燕王喜逃到辽东。次年，秦决河水淹魏都大梁，城坏，魏王投降，魏亡。公元前223年秦攻楚，俘虏楚王，次年秦军占领全部楚地，楚亡。公元前222年，秦攻燕辽东，俘虏燕王喜，又攻代，俘虏代王嘉，燕、赵两国亡。公元前221年，秦灭齐，统一天下。

从春秋末、战国初，铁制工具开始在生产中广泛使用，牛耕也得到推广，开荒能力提高了，使耕种面积不断扩大。战国时期，封建领主土地所有制尚未绝迹，《吕氏春秋》说："今以众地者，公作则迟……分地则速。"公作指农奴共耕公田。领主们已经感到农奴在公田劳作中消极怠工，不如把田地分给农民去耕作更有利。国君陆续收去领主的封邑，封邑中的农奴，有的转化为地主的佃农，其余的则成为国君的佃农。这样，封建领主土地所有制逐渐被封建地主土地所有制取代。

战国时期，社会急剧变革，学在官府的传统被打破，私学兴起。许多思想家聚众讲学，著书立说，发表各自的主张，形成百家争鸣的局面。

墨翟是墨家的创始人。他主张"兼爱""非攻"，希望人们互爱互助，反对不义战争。孟轲是战国中期儒家的代表人物。他认为人民的力量不可轻视，提出"民贵君轻"的观点。他要求统治者轻徭薄赋，实行"仁政"。荀况是战国后期儒家的代表人物。他认为人定胜天，提出了"制天命而用之"的观点。他认为宣传敬天拜地，不如鼓励人民增加生产，积蓄财物；依赖天地，不如依靠人力。庄周是道家的代表人物。他痛恨"窃钩者诛，窃国者诸侯"的不公平社会，但思想消极，认为斗争是不必要的，一切都要顺从命运安排。韩非是法家的代表人物。他认为历史是进步的，后代总是胜过前代。他主张建立君主专制中央集权的封建国家，由君主掌握一切大权，实行法治，进行改革。他的主张被秦王政采用。孙膑是兵家的代表人物。在政治上，他主张"战胜而强立"，以战争手段统一中国。

正是这种百家争鸣，大大地促进了思想学术的活跃和繁荣。战国时期诸子百家的学术思想对后世的影响极其深远。

目录

少年中国史

战国

- 墨子止楚攻宋 / 10
- 悲情义士豫让 / 14
- 西门豹治邺 / 16
- 礼贤下士的魏文侯 / 20
- 魏灭中山之战 / 22
- 名动天下的西河学派 / 24
- 三晋伐齐 / 28
- 李悝变法 / 30
- 西河战神吴起 / 32
- 阴晋之战 / 36
- 田氏代齐 / 38
- 蓄谋已久韩灭郑 / 42
- 士为知己者死 / 44
- 兴盛的稷下学宫 / 48
- 浊泽之战 / 52
- 商鞅变法 / 54
- 围魏救赵 / 58

- 马陵之战 / 62
- 徐州相王 / 66
- 苏秦合纵联六国 / 70
- 河西争夺战 / 74
- 五国相王 / 76
- 策士陈轸巧退楚军 / 78
- **地下乐宫曾侯乙墓 / 80**
- 张仪连横助强秦 / 82
- 楚怀王被骗 / 86
- 赵武灵王胡服骑射 / 90
- 秦武王举鼎而死 / 94
- 赵灭中山 / 98
- 伊阙之战 / 100
- 亚圣孟子求"仁政" / 102
- 秦相魏冉专权 / 104
- 乐毅合纵攻齐 / 106
- 田单复国 / 110
- 蔺相如完璧归赵 / 114

渑池之会 /118

廉颇负荆请罪 /120

秦楚鄢郢之战 /122

屈原投江 /126

邹衍谈天说地 /132

天下第一辩手公孙龙 /136

范雎入秦 /138

赵奢阏与胜强秦 /142

触詟智劝赵太后 /146

秦韩陉城之战 /150

长平之战 /152

毛遂自荐 /156

鲁仲连义不帝秦 /160

窃符救赵 /164

- 战国四公子 /168

  受谗言白起自杀 /170

  债台高筑 /174

  秦灭周 /176

  吕不韦投资异人 /180

  修建郑国渠 /184

- 战国时期著名的水利工程 /186

  李斯谏逐客书 /188

  稚子上卿甘罗 /192

  一字千金的《吕氏春秋》 /196

  韩非遭嫉妒死狱中 /198

  良将李牧冤死 /200

  荆轲刺秦王 /204

  王翦败楚 /208

  百家争鸣 /212

- 上古奇书《山海经》 /220

- 中外大事年表对比 /222

目录

战国

前475年—前221年

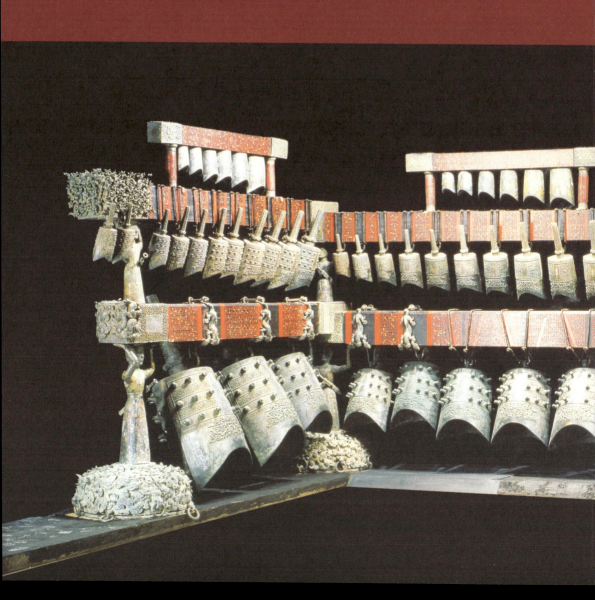

这是一个群星闪耀、巨人辈出的时代
叱咤风云的良将，纵横捭阖的策士
闪烁千古的诸子，遥遥领先的科技
逐渐瓦解的世袭特权
迅速积累的社会财富
等待着的是一个即将大一统的伟大国度

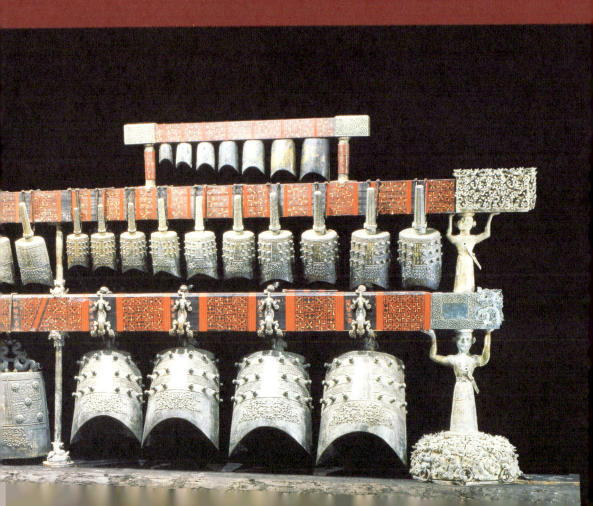

约前5世纪中叶

……荆国有余于地,而不足于民,杀所不足而争所有余,不可谓智;宋无罪而攻之,不可谓仁;知而不争,不可谓忠……

——《墨子》

墨子止楚攻宋

说服两个人,阻止一场战争。墨子在这场关于宋国生死攸关的大争辩中表现得有条不紊、进退有据,最终后发制人。他先驳倒公输般,再说服楚王,最后以实际攻防演练让楚王彻底放弃这场战争。墨子不但心怀仁爱,善于巧辩,更有运筹帷幄的大智慧。

起因
楚国欲兴兵攻宋

主要环节
驳公输般、说楚王、攻防演练中以守退攻

辩论特色
先破后立,驳倒对方观点,再申述己方主张

后手准备
早派弟子到宋国做好防御措施

得益者
宋国,免受侵略之苦

楚欲攻宋

战国时期,各个诸侯国连年征战,老百姓不得不担负沉重的兵役和赋税,苦不堪言。特别是强国随意侵略弱小国家,致使弱国的生命财产遭受巨大损失。墨家倡导者们正是在这个时候挺身而出,反对这些不义之战。

楚国想要攻打宋国,楚王请当时著名的能工巧匠公输般制造了一种能攻城的云梯。这种梯子固定在车子上,能够推到城墙下面,兵士们靠着云梯可以爬上高高的城墙,攻城就容易多了!楚王看到云梯后,非常高兴,决定用它来攻打宋国。楚国为南方大国,而宋国地处河南,国小势弱,若楚攻宋,宋必然危在旦夕。

鲁班像

鲁班(前507年—前444年),春秋时期鲁国人,姬姓,公输氏,名班,又称公输般。鲁班是中国古代的一位出色的发明家,中国的土木工匠们都尊称他为祖师。据说现在木工师傅们用的手工工具,如钻、刨子、铲子、曲尺,画线用的墨斗,都是鲁班发明的。他的名字也成为中国古代劳动人民智慧的代名词。

当时,身为墨家创始人的墨子正在自己的家乡鲁山县(今湖北省宣城)讲学,他知道这个消息后非常着急,就让他的大弟子禽滑釐带领300名弟子赶往宋国,帮助宋国做好防御准备。而他则亲自赶往楚国,去劝说楚王停止攻宋。

智辩公输般

从鲁山县到楚国郢都很远,为了尽早赶到,制止这次战争,墨子跋山涉水,不分白天黑夜地赶路,走了十天十夜,终于赶到了郢都。一到郢都,他顾不上休息,立刻去找公输般。公输般看到他汗流浃背地赶来,急忙问:"先生这么着急赶来,有什么见教吗?"墨子说:"北方有一个欺侮我的人,我想借助你的力量去杀了他。"公输般听了很不高兴。墨子说:"我愿意以千金作为酬谢。"公输般说:"我是个正义的人,绝不为了金钱就乱杀人。"

听了这话,墨子起身大笑,说道:"我在北方听说你在制造云梯,将要用它来攻打宋国。你崇尚仁义不愿意帮我杀死一个人,却愿意帮楚国攻打宋国杀死很多人?照你刚才说的,你是坚持正义的人,不愿意滥杀无辜。现在,你却要无缘无故去攻打一个国家,这不知道要杀死多少人,请问,这就是你坚持的正义吗?"

攻城器械云梯
云梯在古代属于战争器械,用于攀越城墙攻城,其下带有轮子,可以推动行驶,配备有防盾、绞车、抓钩等器具。

楚纪南故城模型
楚纪南故城是中国东周时期楚国郢都故址,在荆州古城北约5千米处。

子西阻封图
明仇英绘，文徵明书。出自《孔子圣绩图》册。孔子到达楚国后，楚昭王为了表示自己对孔子的敬重，想把有居民的方圆七百里的土地封给孔子。楚国令尹子西劝阻。楚昭王（约前523年—前489年），芈姓，熊氏，名壬，又名轸（珍），楚平王之子，春秋时期楚国国君。楚昭王是楚国的一位中兴之主。

一连串的问题，公输般被问得哑口无言。最后只好说："先生说得有道理。不过楚王已经做出决定了，不好更改！"墨子问："能不能引荐我去见见楚王呢？"公输般答应了，陪着墨子一起去见楚王。

巧说楚王

墨子拜见了楚王，说："现在这里有一个人，舍弃他自己装饰华美的车，却想要去偷邻居的破车；舍弃自己华美的衣服，却想要去偷邻居的粗布短衣；舍弃自己的好饭好菜，却想要去偷邻居的粗劣饭食。这是怎样的一个人呢？"楚王回答说："这一定是患了偷窃病的人。"墨子说："楚国的土地，方圆五千里；宋国的土地，方圆五百里，这就像装饰华美的车子与破车相比。楚国有云梦泽，里面有成群的犀牛麋鹿，长江、汉水里的鱼、鳖、鼋、鳄鱼多得数都数不清；宋国却连野鸡、兔子、小鱼都没有，这就像拿山珍海味和粗茶淡饭相比。楚国森林密布，有巨松、梓树、黄楩木、楠、樟等名贵木材；宋国连多余的木材都没有，这像华丽的衣服与破衣烂衫相比。我认为大王派军队进攻宋国，和这个患偷窃病的人的行为是一样的。这样说来，大王派兵去攻打宋国，不是和那个人犯了同样的毛病吗？大王这样做，只能惹得天下人耻笑，这样的不义之战也一定不会有什么好的结果。"

楚王如梦初醒，连声道："先生讲得对啊！"

模拟攻守，以守退攻

可是尽管如此，楚王还是不甘心停止攻打宋国，又找借口说道："虽然攻打宋国不对，可公输般给我造了云梯，还没有用武之地。我还是打算试试这个先进武器，一定能攻取宋国的。"

墨子说："有了云梯也不一定就能取胜吧？"楚王问道："先生这是什么意思？"墨子笑着说："因为这云梯连我都对付不了，何况一个宋国呢？不信的话，就让我和公输大夫用一些东西代替器械，现场比试比试！"楚王觉得这倒是挺有意思，就答应让他们当场比试一番。

墨子解下衣带，用衣带当作城墙，用木片当作守城器械。公输般多次用了攻城的巧妙战术，墨子多次均抵御住了他。最后，公输般攻城的方法用尽了，墨子的抵御措施还有很多没有用上呢。

公输般恼羞成怒，突然站起来，生气地说："我知道用来对付你的方法，可我不说。"

墨子微微一笑，说："我知道你要用来对付我的方法，我也不说。"

这下，楚王有些莫名其妙了，于是就问其中的缘故。

战国·青铜蟠螭纹豆
盛食器，古代用来盛肉或其他食品。

墨子说："公输先生的意思，不过是要杀掉我。杀了我，不能给宋国守城，攻取宋国不就可以成功了吗？可是，我的学生已经拿着我的守城器械，在宋国城墙上等着楚国大军来呢。即使杀了我，也不能杀尽宋国的抵御者啊，杀了我宋国也照样攻打不下来。"

楚王听了之后，顿时泄气了，只好说："不要再争论了，我决定不再攻打宋国了。"就这样，墨子凭借勇敢机智，解除了宋国的一场灾难，阻止了一场不义的战争。

墨家

墨家约产生于战国时期，创始人为墨翟（墨子，前468年—前376年）。墨子是一位来自农民阶层的哲学家，他提倡"兴天下之利，除天下之害"，提出兼爱（人与人之间平等相爱）、非攻（反对侵略战争）、尚贤（用人以贤）、明鬼（重视继承前人的文化财富）、节用（提倡节俭）等观点，形成墨家的主要思想。

墨家是一个有领袖、有学说、纪律严明的学术团体。首领称巨子，成员称墨者。墨者到各国为官，必须推行墨家的政治主张，且向团体交纳俸金。墨者多来自社会下层，吃苦耐劳严于律己，将维护天下公理与道义看成是义不容辞的责任。其中从事谈辩者，称为墨辩；从事武侠者，称为墨侠。他们有严明的组织纪律，如果有人违反纪律，即使得到统治者的宽恕，也要受到墨家组织的惩罚。

> 前453年

嗟乎！士为知己者死，女为悦己者容。今智伯知我，我必为报雠而死，以后智伯，则吾魂魄不愧矣。

——《战国策》

悲情义士豫让

士为知己者死，女为悦己者容。豫让用实际行动完美诠释了这句话。明知不可为而为之，毁身而报仇，这是豫让以国士之礼报答旧主的方式。纵然失败，仍后世流芳，可歌可泣。

主角
豫让

职业
家臣、武士、刺客

刺杀对象
赵襄子

手段
改装为奴隶、漆身吞炭

结果
斩赵襄子衣服，伏剑自杀

名言
士为知己者死，女为悦己者容

豫让刺衣
清末民初马骀《马骀画宝》。春秋晋卿智瑶的家臣豫让，多次行刺赵襄子为主人报仇没有成功，最后请求赵襄子脱下外衣，让他象征性地刺几下，然后便自刎身亡。

三家分晋的时候，智家被韩氏、赵氏、魏氏消灭，土地自然也被这三家瓜分。

豫让（生卒年不详），姓姬，晋国人。他曾给范氏、中行氏做过家臣，一直默默无闻，直到投奔智伯才得到重用。智伯被消灭后，赵襄子把智伯的头盖骨拿来做饮器。豫让听闻自己的主人死后被如此羞辱，内心悲愤，说："志士为了解自己的人而牺牲，女子为喜欢自己的人而打扮，我一定要替智伯复仇。"

赵襄子出入都有很多随从，想要刺杀他实非易事。豫让左思右想，就把自己化装成赵氏家中打扫厕所的奴隶，带着匕首，混入赵氏宫中。可是，在他准备下手的时候，被赵襄子发觉而被抓。

豫让被抓住后，凛然不惧，大声说自己是来为智伯报仇的。左右的人都说要杀了豫让，可赵襄子却摆摆手，说："智伯死了之后也没有什么后人，而此人却要为智伯报仇，可见并不是贪图富贵。这是一个真正的义士啊，怎么能够杀掉呢？"于是，当众放走了豫让。天下人听说赵襄子这么做，都纷纷赞叹赵襄子的宽仁大度。

但豫让并没有放弃，他远离家人，重新计划复仇大计。因其容貌已暴露，他竟用油漆涂遍全身，使自己变成一个浑身溃烂的癞疮病人，担心声音被听出来，又吞下火炭弄哑了自己的嗓子。

当豫让再次出门，当街乞讨时，连妻子都认不出他了。还是朋友发现了他，流着泪说："以你的才华，如果投靠赵氏的话，一定会被重用的。那时不就可以为所欲为，就算是刺杀赵襄子，不也更容易得手吗？为什么还要摧残自己到这样残忍的地步呢？"豫让说："如果我投靠到赵襄子门下，再去刺杀他，那我不就成为背叛主公的贰臣了吗？我用现在的方法去刺杀确实很难成功，但就算不能成功，我也要告诉后人，做臣子不能怀有二心，让那些卖主求荣的人感到惭愧！"

等到赵襄子出门的时候，豫让事先潜伏在桥下，赵襄子过桥时，马忽然受惊。赵襄子命人搜索，果然在桥下发现了豫让，他责问道："先生您以前不是也侍奉过范氏、中行氏吗？智伯把他们都消灭了，您没有替他们报仇，为什么现在却单单如此急切地为智伯报仇？"

豫让回答："范氏、中行氏待我如普通人，我以普通人报之即可；而智伯待我如国士，我故以国士报答。"赵襄子听后很受感动，但不能再放掉豫让。豫让知道刺杀无望，请求赵襄子脱下一件衣服，让他象征性地刺杀。赵襄子满足了他的要求，最后豫让仰天长叹："我可以报答智伯了！"随后，豫让便伏剑自杀。

现代·张聿光·豫让击衣图

▶ 前446年—前396年

豹曰:"民可以乐成,不可与虑始。今父老子弟虽患苦我,然百岁后期令父老子孙思我言。"至今皆得水利,民人以给足富。

——《史记·滑稽列传》

西门豹治邺

西门豹胆识过人,谋略超群,在革除"为河伯娶亲"陋习的过程中,听不到西门豹一句豪言壮语,只有充满睿智的行动。西门豹对巫婆等人进行惩治,妙语连珠,险象环生,简直演出了一幕又一幕令人喷饭的幽默剧。

主角
西门豹

国籍
魏国

出生地
山西运城安邑

职业
邺令、政治家、水利家

治邺成就
除"河伯娶亲"之患;兴修水利

"河伯娶亲"之患

魏文侯当诸侯王的时候,魏国有一位有名的政治家西门豹,深得魏文侯信任。魏国有个城池叫邺(今河北临漳西南邺镇),处于魏国的边远地区,在韩国和赵国中间,却是军事要地。魏文侯任用西门豹为邺城的县令,把守和治理这个地方,以防备韩国和赵国的侵犯。

西门豹到了邺,只见田地荒芜,人烟稀少,到处都是一片荒凉的景象。于是,他会集地方上德高望重的人,询问原因。这些人说:"都是为了给河伯娶亲,本地民穷财尽。"西门豹听了觉得莫名其妙,询问这是怎么回事,这些人便把事情原原本本讲了出来。

原来,这里有条大河叫作漳河,经常泛滥成灾。当地有

西门豹铜像
立于河北临漳邺令公园。西门豹,生卒年不详。

一种习俗，如果每年挑出一位漂亮的姑娘，送给主管漳河的水神河伯做妻妾，河伯就会保佑这一方土地风调雨顺、五谷丰登，否则他就要兴风作浪，冲毁房屋、淹没庄稼。为了得到河伯的庇佑，每年春耕的时候，巫婆就挨家挨户地挑选，挑中哪家穷苦人家的姑娘，就说："她适合做河伯夫人！"然后，她让人给这个姑娘梳洗打扮一番，再挑选一个黄道吉日，把人放在芦苇编织的小船上，随水漂走。芦苇船一散架，人就沉到河底了。这些年，也不知有多少可怜的姑娘被活活淹死了。谁愿意把闺女"嫁"给河伯啊，于是纷纷拖家带口逃走了。所以这一带人口越来越少，田地也就荒芜了。

> **西门豹庙诗**
>
> 君子为利博，达人树德深。
> 苹藻由斯荐，樵苏幸未侵。
> 恭闻正臣祀，良识佩韦心。
> 容范虽年代，徽猷若可寻。
> 菊花随酒馥，槐影向窗临。
> 鹤飞疑逐舞，鱼惊似听琴。
> 漳流鸣磴石，铜雀影秋林。
>
> ——南北朝·庾信

以其人之道，还治其人之身

西门豹听了河伯娶亲的风俗之后，心里大概明白了是怎么回事，就问百姓："你们现在每年还按时给河伯送姑娘吗？"

百姓回答："当然要送。"

"那就不会发大水，你们应该安居乐业才对啊！为什么那么多人远走他乡呢？"这一问，问到了大家的心里。

父老乡亲们就七嘴八舌说开了："这两年虽没发大水，可到了旱季，土地又缺水，庄稼枯死，不得不逃荒要饭！"

战国·木俑
俑是古代殉葬的人形，俑既可为守卫又是奴隶，供墓主人在阴间奔走使令、娱乐消遣、驱祟御凶之用。战国时期的木俑制作比较简单拙稚，俑体扁平，只雕刻出粗略轮廓，画出口鼻眼，服饰用彩绘，体态表情已出现了模拟侍仆和武士等不同身份的服侍俑的形象。

西门豹因谗言被害

西门豹兴办十二渠时，征用大量民工，加重了百姓的负担。当地豪绅乘机大进谗言，千方百计陷害他。魏文侯在位时，西门豹用事实说服了他。但当魏文侯的儿子武侯继位后，西门豹却仍因此惨遭杀害。西门豹主持兴办的十二渠，经劳动人民的不断整治，灌溉效益一直延续到唐代，有一千多年。司马迁曾在《史记》中对西门豹有高度评价："故西门豹为邺令，名闻天下，泽流后世，无绝已时，几可谓非贤大夫哉！"

"苛捐杂税太多了！仅是给河伯娶媳妇，每年就要老百姓出上百万的钱，大部分都进了巫婆和乡绅的口袋。真是嫁了河伯，肥了巫婆。"西门豹越听越生气，又问道："难道你们就甘心情愿忍受着，不敢违抗吗？"大家说："不行啊，巫婆讲这是天命，天命怎么能够违抗呢！"

西门豹说："河伯既然这么灵验，下回办喜事的时候告诉我一声，我也去给河伯道喜！"

又到了为河伯娶亲的日子，当地的三老、官员、有钱有势的人、地方上的父老也会集在此，看热闹的老百姓也有不少人。那个女巫是个老婆子，已经70多岁，跟着来的女弟子有十来个人，都身穿丝绸单衣，站在老巫婆的后面。西门豹也到了现场。西门豹说："叫河伯的媳妇过来，我看看她长得漂亮不漂亮。"人们马上扶着一个女子出了帷帐，走到西门豹面前。西门豹看了看这个女子，回头对乡绅、巫婆还有父老们说："这个女子不漂亮，麻烦大巫婆为我到河里去禀报河伯，需要重新找一个漂亮的女子，迟几天送去。"

说完，他就叫差役们一齐抱起大巫婆，把她抛到河中。过了一会儿，他说："巫婆为什么去这么久？叫她弟子去催催她！"又把她的一个弟子抛到河中。又过了一会儿，他又说："这个弟子为什么也这么久？再派一个人去催催她们！"就这样，又抛一个弟子到河中。总共抛了三个弟子。

西门豹说："巫婆和她的弟子，不能把事情说清楚，请乡绅替我去说明情况。"又把一个乡绅抛到河中。西门豹，弯着腰，恭恭敬敬，面对着河站着等了很久。长老等人在旁边看着，都惊慌害怕。西门豹说："巫婆、乡绅都不回来，怎么办？"想再派人到河里去催他们。

战国·玉龙镯
首尾相交，现藏于美国纽约大都会艺术博物馆。

这些人都吓得在地上叩头,头都叩破了,面如死灰。西门豹说:"好了,暂且再等他们一会儿,看样子河伯留客要留很久。"过了一会儿,西门豹转过头来说:"你们看,河水滔滔,长流不息,河伯在哪儿呢?平白编出河伯娶亲来盘剥百姓,罪孽深重,真恨不得把欺压百姓的坏东西都扔到河里去,偿还血债!"那些家伙自知有罪,从此以后,不敢再提起为河伯娶亲的事了。

开挖渠道,兴修水利

除此外,西门豹还在邺城进行了大胆的改革。他稳定物价,惩罚奸商;严训一些作恶的乡绅,为穷苦百姓们申冤。初步治理后西门豹逐步稳定了民心。

但是,水灾与干旱仍是这里的大患。于是,西门豹决定,在漳河之侧挖12条水渠,引漳河水来灌溉农田。挖渠时,一些百姓因为劳累而感到厌烦,有的口出怨言。西门豹说:"现在父老子弟虽然认为因我而受害受苦,但渠道挖成后,必造福后世。"

在西门豹的坚持下,12条渠道终于挖成,这是一项大型的引水灌溉水利工程。第一渠首在邺城西18里,沿河相延筑堰12道,各堰都在上游开设引水口、筑水闸,共成12条渠道。渠成后,引漳河水灌溉农田近10万亩,既消除了水患,又能增产,人民丰衣足食,邺城逐渐富庶起来。

西门豹祠遗址中的西门大夫庙碑记
位于河南安阳丰乐村西门大夫祠遗址,西北高土台上现存《西门大夫庙碑记》为北宋仁宗嘉祐二年(1057年)立,由碑首、碑身、碑座组成,碑文17行,行满34字,为宋代邺县令马益之兄马需撰文,马益立碑。碑文拓片曾于1978年赴日本展出。

> 前472年—前396年

魏文侯过段干木之闾而轼之,其仆曰:"君胡为轼?"曰:"此非段干木之闾欤?段干木盖贤者也,吾安敢不轼!……"

——《吕氏春秋》

礼贤下士的魏文侯

古代君王成大事者,往往能放下身段,重视人才,求贤若渴。魏文侯就是一位善于网罗人才并且知人善任的君主。作为战国初期魏国的第一领导者,深知人才的重要性,所以处处"礼贤下士",姿态低下去,人才涌上来,从而为魏国的发展打下雄厚的基础。

姓名
魏斯

职业
魏国国君

对待人才方式
以礼相待,用人不疑

手下名人
段干木、翟璜、李悝、吴起、乐羊等

其他政绩
灭亡中山,开辟西河,开创霸业

为政成就
奠定魏国强国地位

魏文侯像
魏文侯(前472年—前396年),姬姓魏氏,名斯,安邑(今山西夏县)人,战国时期魏国开国君主。在位时礼贤下士,起用了一批贤能之人,如李悝、翟璜、乐羊、吴起等。

三家分晋之后,魏国国君魏文侯十分贤明,他注重民心,礼贤下士,开拓进取,使得魏国在诸侯中逐渐脱颖而出,成为战国初期首屈一指的强国。

魏文侯是魏桓子的孙子,名叫魏斯。他曾经拜孔子的弟子子夏为师,又十分推崇孔子的门徒田子方、段干木等人。段干木是魏国一位有名的贤者,德才兼备。魏文侯欲请他出来做官,他坚辞不肯。但魏文侯没有放弃,仍一直渴望向他请教治理国家的方法。

有一次,魏文侯坐着车子亲自到段干木家拜访,段干木听到魏文侯车马响动,赶忙躲避了。魏文侯吃了闭门羹后又接连几次去拜望,段干木都不肯相见。有时他坐车从段干木家门口经过,都要站起来行注目礼,他说:"段干木先生可是个了不起的人啊,不趋炎附势,不贪图富贵,品德高尚,又学识渊博,我怎么能不尊敬呢?"

后来，魏文侯干脆不乘车马，不带随从，徒步到段家拜访。魏文侯恭敬地向段干木请教问题，段干木被魏文侯的诚意感动，给他讲了不少治国大略。

一国之君魏文侯能够放低姿态，选贤任能，这让他赢得了人心。人们都知道魏文侯礼贤下士，器重人才，于是很多贤能的人士，如政治家翟璜、李悝，军事家吴起、乐羊等都来到魏国效力，魏国一时间成了天下人才的汇集地。

魏文侯不仅求贤若渴，还能做到用人不疑，疑人不用。周威烈王十八年（前408年），魏文侯派乐羊带领大军去攻打中山国，这场战争整整打了三年，魏文侯一直都支持他，经常派人到战场去慰问，最后终于把中山国给打下来了。乐羊踌躇满志，以为自己立了不世之功。回来面见魏文侯时，面有骄傲之色，魏文侯则不动声色地给他一只箱子。这满满一箱，都是什么呢？乐羊打开一看，都是告状信，告他这三年来拥兵自重啊，指挥失当啊，有谋反之心啊……总之给他安了各种罪名。乐羊看着看着，"扑通"跪在地上不住地磕头，说："攻下中山国，此非臣之功，主君之力也。"乐羊终于意识到，能打下中山国，不仅仅是自己的功劳，而是和魏文侯的信任与支持分不开啊！

魏文侯任用李悝变法革新，奖励耕战，兴修水利，使得魏国迅速富强起来。同时他又任用吴起、乐羊等为大将，抑制赵国，灭掉中山，连败秦、齐、楚诸国，开拓疆土。魏国很快就成为战国时第一个雄霸天下的诸侯国。魏文侯也成为魏国百年霸业的开创者。

战国·骨梳
半圆梳背，镂空装饰花卉纹；方平梳齿，外观形若马蹄，精美异常。这种梳子样式兴起于战国，制作时一般采用整料，也有采用拼料的。

魏文侯在位政绩

分类	内容
国政	任李悝为相，实行变法而强国；以翟璜为上卿，推贤荐士
军事	任乐羊、吴起为将，败中山国、取秦西河五城
吏治	任西门豹为邺令，以北门可为酸枣令，整顿吏治，兴修水利
文化	重用大儒子夏，形成著名的西河学派，使魏国成为当时的文化中心
农业	推行尽地力之教的精耕细作的方式，实行平籴法，丰年高籴，灾年平卖，使民安居乐业
贸易	鼓励国民从商，参与周边各国土特产贸易，国家获得了大量商业税，国库充实
法律	实施李悝著的《法经》，以法治国

▶ 前408年—前406年

周威公见而问焉，曰："天下之国，其孰先亡？"对曰："晋先亡。"……居三年，晋果亡。威公又见屠黍而问焉，曰："孰次之？"对曰："中山次之……"

——《吕氏春秋》

魏灭中山之战

这是场典型的远距离"跨国"作战，魏军长途跋涉，借道赵国攻打中山国，乐羊顶住压力，历时三年终取得战争的胜利。这是一场旷日持久的战争，也是君臣之间相互信任与否的心理较量。

起因
魏国实力增强，欲吞并中山国

时间
前408年—前406年

交战双方
魏国、中山国

双方指挥官
乐羊、中山桓公

双方斗智
中山国君武公杀乐羊儿子，割其肉烧汤，派人送给乐羊喝，以示抵抗的决心；
乐羊喝儿子汤，食儿子肉，表明自己顽强进攻的意志

战国·铜御手俑
此铜俑发髻高束，两臂向前稍弯曲，神情专注，形象逼真，且其制作也非常符合人体分割比例。

魏文侯实行变法改革后，增强了魏国国力，就将矛头对准了中山国，并积极进行战争准备。中山国是北方少数民族狄族人所建，始建于西周，是比较弱小的诸侯国。周敬王三十一年（前489年），中山国屡遭晋国攻打，曾一度灭国。周威烈王十二年（前414年），中山国的武公复国，建都于顾城（今河北定州）。

当时，魏国已完全占领了秦国的河西地区，又击败宋国，风头正劲，于是魏文侯有了灭中山国之心。但中山国与魏国并不接壤，魏文侯便派人出使赵国，希望赵国能借路给魏国攻打中山国。赵国国君赵烈侯本想拒绝，大臣赵利劝说道："魏国攻打中山国，如不能获胜，也必将严重消耗其国力。即使他们消灭了中山国，因我赵国位居中间，魏国也无法长久占据中山国的土地。"言下之意，借路给魏国，于赵国有益无害。于是，赵国答应借路给魏军。

周威烈王十八年（前408年），魏文侯欲派遣吴起率领魏军攻打中山国。此

时，重臣翟璜有个叫乐羊的门客，主动请缨攻打中山国。翟璜也向文侯力荐乐羊，说他文武双全，善于带兵，是个不可多得的将才。但有人反对说，乐羊的儿子乐舒在中山国当大官，他肯拼命攻打中山吗？翟璜则对魏文侯说："乐舒曾替中山国君聘请他父亲乐羊去做官，但乐羊认为中山国君无道，非但未去，还劝儿子离开。这足以说明乐羊并不会偏袒中山国。"因其他人激烈反对，魏文侯一时拿不定主意，就召见乐羊，对他说："我想让你带兵去攻打中山国，但你儿子在中山国做官，怎么办呢？"乐羊回答："大丈夫忠心为国，若破不了中山国，臣甘愿受罚！"于是，魏文侯下定了决心，拜乐羊为大将，命其领兵进攻中山国。

魏军长驱直入，一直打到中山国的都城顾城。乐羊指挥魏军，加紧围攻顾城，但是顾城城池坚固，如果硬攻，伤亡太大，得不偿失。于是，乐羊决定采取围而不攻的办法收买人心，等待机会再把顾城拿下来。前方战事进入僵持状态，魏国朝堂上有嫉妒乐羊的人，趁机到魏文侯那里说乐羊的坏话："乐羊开始攻打中山国的时候，势如破竹。但现在他的儿子就在顾城里，他就迟迟不攻打了。如果不把乐羊召回来，此战恐怕要前功尽弃了！"

战国·错金银铜矛镦
镦是古代青铜戈的组成部分。青铜戈由戈头、戈柲（即手持的长柄）和戈柲下方套筒状的镦组成。镦束腰的结构适宜执握，也起着固定和装饰戈柲的作用。此镦表面以错金银手法饰卷云纹，精美华丽。

诽谤乐羊的话不绝于耳，魏文侯就问翟璜有什么意见，翟璜说："乐羊很可靠，不用怀疑。"于是，魏文侯对各种诽谤乐羊的话一律不理不睬，对乐羊的信任一如既往，还经常派人到前线慰劳。乐羊心里非常感激，他带领军队包围顾城有三年之久，终于在前406年把中山国打下来了。乐羊回国后，也有些骄傲。魏文侯把他叫到宫里，将那些别人毁谤他的信件交给他看，乐羊立即跪拜磕头说："这并不是臣的功劳，而是主君您的功劳啊！"

中山国简史

档案条目	内容
立国民族	白狄的一支鲜虞，姬姓
建立时间	前507年
疆域	赵国与燕国之间，今河北中部太行山东麓一带
国都	顾，后迁于灵寿
第一次灭亡	前406年，魏将乐羊带兵攻灭
复国时间	前380年左右，中山桓公复国
第二次灭亡	前296年为赵国所灭
直系后代	易姓，秦时被迁放太原，由太原南迁分散，改姓

▶ 前406年—前401年

"子夏居西河……如田子方、段干木、吴起、禽滑釐之属，皆受业于子夏之伦。"

——《史记·儒林列传》

名动天下的西河学派

一个国家的强盛，不仅仅体现为军事强大，文化上的繁荣同样不可忽略。魏文侯治理下的魏国，从创建西河学派起，逐渐成为中原文化中心，当军事与文化都成为诸侯国中的翘楚时，魏国自然奠定了其强国地位。

学派名称
西河学派

性质
官办高等学府

创建者
魏文侯

师资力量
子夏及其弟子公羊高、穀梁赤、段干木等

功能
培养人才、传播学术

生源
王公贵族，平民

子夏治学

当魏文侯在延请子夏来西河的时候，子夏已是百岁老人，很少亲自授课了。在西河真正教授讲学的是子夏的弟子齐人公羊高、鲁人穀梁赤、魏人段干木和子贡的弟子田子方等。而子夏治学，强调对知识的领悟和占有。他说："日知其所无，月无忘其所能，可谓好学也已矣。"意思是：每天都学习以前不知道的知识，每月都不忘记已经学会的东西，就可以说是好学了。强调将知识占为己有，钻研新的，且不忘旧的，学以致用。

他的政治思想具有法家倾向。孔门弟子中，子夏是一位具有独创性的儒家倡导者。他并不像颜回、曾参那样恪守孔子之道，其关注的问题焦点已不是"克己复礼"，而是与时俱进的经世致用之学。因此，子夏发展出一套偏离儒家正统观点的理论。

子夏说："君子有三变：望之俨然，即之也温，听其言也厉。"意思是：君子有三

卜商像
卜商（前507年—约前400年），字子夏，春秋末期晋国温（今河南温县西南）人，孔子的弟子，孔门十哲之一，"西河学派"的创始人。

变，远看他的样子庄严，令人畏惧；接近他又觉得温柔可亲；而听他说话又觉得严厉不苟。由此可见，子夏心目中的君子已不再是孔子倡导的那种"温文尔雅"的醇儒，而是知权术、有心计的君子。这些观念，已经体现出法家察势和用权的精神。

子夏注重君王用权之术，认为国家的统治者应该注重研究政治历史。他主张治国者要学习《春秋》等史书，吸取历史教训，及时发现、消除危机，防止政权旁落或政变。

战国·彩漆木匜形杯
2002年出土于湖北九连墩2号墓，现藏于湖北省博物馆。酒器，盖面浮雕一鸟二蛇，器身刻成凤形。整体以黑漆为地，盖髹红漆。花纹自由流畅，匀称而富有变化，精美异常，反映了战国时期工匠技术的高超。

子夏入西河，渐成代表性流派

魏文侯知道子夏是各国士人的灵魂宗师，决定请子夏坐镇西河。于是，魏文侯亲自拜子夏为师，对子夏异常尊敬。给国君做老师是儒的最高荣誉，即所谓的帝王师。子夏是第一个享有这个荣誉的大儒，甚至孔子在生前也没有享受过如此尊高的荣誉。子夏被魏文侯的诚意感动了，决定亲赴西河。

子夏做了魏文侯的老师，这样，华夏文化的重点就转移到了魏国，转到了西河，形成了著名的西河学派。子夏在西河的象征意义极其重大，不仅使魏国成为中原各国的文化宗主国，而且对

儒家六艺

分类	掌握内容
礼	礼节，分五种：吉、凶、宾、军、嘉
乐	音乐，分六种：云门、大咸、大韶、大夏、大镬、大武古乐
射	射箭技术，分五种：白矢（箭穿靶子而箭头发白）、参连（矢矢相衔若连珠）、剡注（即瞄即中）、襄尺（臣让君一尺）、井仪（四矢连贯皆中目标）
御	驾驶马车的技术，分五种：鸣和鸾（行车时和鸾之声相应）、逐水曲（随曲岸疾驰而不坠水）、过君表（经过天子的表位有礼仪）、舞交衢（过通道而驱驰自如）、逐禽左（行猎时追逐禽兽从左面射获）
书	文学和书法，分六种：象形、指事、会意、形声、转注、假借
数	算术与数论知识，分九种：方田、粟米、差分、少广、商功、均输、方程、盈不足、旁要

线装木刻本《鬼谷子》书影

又名《捭阖策》，由鬼谷子所著。全书共21篇，其中《转丸》已失传，总结了鬼谷子毕生学术研究的精华，为后世了解纵横家的文化思想提供了宝贵的经验。《鬼谷子》一书极力崇尚谋略、权术、言谈辩论的技巧，其思想与儒家所崇尚的道德仁义完全不同，因此《鬼谷子》历来被视为洪水猛兽，甚至被禁。

秦国、楚国、赵国这些外族文化占上风的国家的影响也十分显著。

儒家本来是教授礼、乐、射、御、书、数六艺的教师。而六艺是贵族和士人在治理国家中必须掌握的基本技能。儒因教授内容不同而各有侧重，于是产生了不同的流派。鲁国的曾参之儒是以重礼、重孝为代表的流派，培养的是掌礼之儒，这些人不以经世济用为特长，所以在各国官僚系统中的地位也不高。而子夏之儒培养的是经世济用之才，适用于各国的官僚系统，其学员大量充斥于各国官府，故西河学派逐渐成为当时最有影响力的儒学流派。

教学内容丰富，培养高端人才

子夏到西河后，谋求前途、积极入仕的儒生纷纷转入西河学习。子夏年纪大了，不好亲自教课，就多由其弟子们来授课。这些士人在西河学派学习后，很自然地选择魏国为效力的首选国家。这样，西河学派为魏国吸引、培养了大批有用的人才。

西河学派教授的内容相当丰富。子夏诸多弟子中，公羊高与梁赤本不算最能代表其思想的弟子。但因其教授的都是以服务国君为目的的历史春秋，所以在魏国地位较高。公羊高所口授的春秋成为后来《春秋公羊传》的蓝本，而梁赤口授的春秋则成为后来《春秋穀梁传》的蓝本。

田子方，魏国人，魏文侯也曾聘他为师。他

鬼谷子像

鬼谷子姓王名禅，字诩，道号鬼谷，中国历史上战国时代"诸子百家"之一，纵横家的鼻祖，也是一位卓有成就的教育家。他既有政治家的六韬三略，又擅长外交家的纵横之术，更兼有阴阳家的祖宗衣钵，预言家的江湖神算，所以世人称鬼谷子是一位奇才、全才。最早见著于司马迁的《史记》，叱咤战国时代的纵横家苏秦和张仪为其弟子。

在讲学时不仅传授六艺，还教授纵横术与经商本领。纵横术是儒生为官后从事外交事务所必备的才能，即要能言善辩；而经商致富则是一个官员富国富民之必要。

段干木是子夏最看重的一名弟子，从他的授课中可以看到子夏培养高级官员的精髓。魏文侯本人也非常敬重段干木，主要请他教习魏国的公室贵族。

因为西河学派的影响，魏文侯在用人上亦不看重出身，而是重视能力，提拔了很多平民和有戎狄背景的人才。比如吴起和李悝是最受魏文侯重用的两个重要人物，他们都是来自卫国的平民。而翟璜则是戎狄出身。魏文侯以后，魏国的大臣结构因西河学派而发生了很大的变化。在段干木及其弟子的授课讲学下，魏国的公室贵族也出现了大批人才，如公叔痤、公子卬等，成为魏国高级官员的一个主要群体。这样，魏国取代鲁国成为中原各国的文化中心。

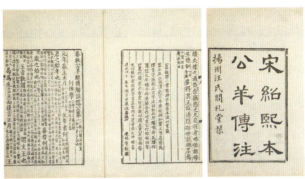

《公羊传》书影

宋绍熙本翻印。《公羊传》，"春秋三传"之一，据传作者是战国子夏的弟子，齐人公羊高。《公羊传》的思想直承《春秋》，侧重于从《春秋》尊王思想延伸而成的"大一统""拨乱反正"观点，西汉时获得官学地位，公羊学派的势力大涨。

鬼谷学派与西河学派之争

实际上，在魏国除了西河学派，还有一个鬼谷学派集团，其成员受鬼谷文化影响，多出身于平民，以公孙衍、庞涓为代表。魏文侯在位时，这两个学派集团在政治上的斗争就很激烈。鬼谷学派虽然不像西河学派那样，大张旗鼓地在魏国收徒讲学，但也经常表达不同的学术见解。当时，历史春秋是贵族和士子们都必学的一个重要学科。但因为《春秋》上只记载了事件的结果，未记载过程和背景，如何解释春秋时期的历史事件也就成为两大学派争论的焦点。久经沙场的吴起作为鬼谷学派的代表，就曾与公羊高、梁赤进行过一次对春秋的辩论。因为魏文侯对西河学派的支持，所以两派的争斗，一直以西河学派占据上风。

前405年—前404年

故三晋之列于诸侯，非晋之坏礼，天子自坏之也。

——《资治通鉴》

三晋伐齐

历史上许多战争背后都暗藏玄机，齐国内乱，三晋联军打着天子的旗号，攻伐齐国，实际醉翁之意不在酒。结果，齐国战败，三晋正式得了"诸侯"的名分。

起因
齐国内乱，公孙会投靠赵国，引发廪丘之战

时间
前405年—前404年

原因
三晋找借口伐齐，欲树立威望，争得名分

参战方
齐和赵、韩、魏、宋、越等国；
指挥官：齐国田布；魏国翟角、赵国孔青、韩国羌

结果
齐国落败，失去长城屏障；三晋战胜，正式得封诸侯

战国·"三晋"布币
离石圆足币，战国赵国的货币，平首，圆肩，圆足。"离石"为铸币地名，在今山西离石。战国时期布币主要流行于韩、赵、魏"三晋"地区，离石圆足币与晋阳尖足币、梁夸釿五十尚寽三种式样布币统称为"三晋"布币。

周威烈王二十一年（前405年），齐国发生了内乱。国相田悼子死了，把持朝政的齐国田氏贵族分成了两派，一派以田悼子的弟弟田和为首，一派以公孙孙（田孙）为首。两派发生纷争，大将田布杀了公孙孙，公孙孙的支持者公孙会（田会）在廪丘（今山东郓城）反叛，宣布脱离齐国，投靠赵国。

廪丘是齐国的战略要地，田和不能坐视赵国占领此地，便派田布率军攻打廪丘。起初，田布攻势猛烈，赵国联合韩、魏两国对抗齐军。三晋（因韩、赵、魏皆出自晋国，当时还未得到周天子的正式承认，故称三晋）联军在赵将孔青、魏将翟角、韩将羌的带领下，与齐军展开一场恶战。结果，齐军大败，田布战死。但此时，三晋伐齐才刚刚开始。廪丘之战后，魏文侯和周天子取得联系。魏文侯称，周天子是天下共主，望天子能出面讨伐齐国。传言，田悼子为田和所杀，周天子不满田和行径，于是以天子身份征讨齐国。

周威烈王二十二年（前404年），三晋联军打着天子旗号，继续攻打齐国，包围了其军事

重镇平阴（今属山东济南）。齐国长城被攻破，国都临淄失去屏障，齐国上下一片恐慌。而三晋有了天子号令，在出兵前还联合了宋国、越国等诸侯军，对齐国发起了多面围攻。这也说明，在战国初期以魏国为代表的三晋，其整体实力首屈一指。

齐国如何才能让三晋退兵呢？齐国的田括猜到了魏文侯的用意，三晋与齐国并不接壤，他们攻打齐国不是要土地，而是要"诸侯国"的名分。所以，他建议国君齐康公去会见三晋将领以试探目的。于是齐康公亲自去了联军大营，与三晋会盟。商讨后双方达成停战协议。齐国答应以后不再修筑长城，就相当于解除了防御三晋的军事屏障。三晋联军迫使齐国屈服，威震天下。

周威烈王二十三年（前403年），伐齐联军离开齐国。回国途中，诸侯们去朝见了周天子，除了韩、赵、魏三家，

战国·三晋印
宽框细文，注重个体。现藏北京故宫博物院。

还有鲁、宋、卫、郑等国国君。齐康公也被拉着朝见了天子。三晋诸侯向周天子复命，齐康公也表示愿意接受惩罚，并请天子据礼法封三晋为诸侯。其他诸侯纷纷表示赞同，周天子只好正式册命三晋为诸侯，由此韩、赵、魏作为战国七雄的成员，名正言顺地登上了历史舞台。

齐长城

距今2500年，又名长城岭、大横岭，是齐国为防御鲁、楚及中原各国的军事入侵而建，也是齐国和鲁国的分界线。齐长城向东经双泉、马山、万德、历城、泰安、淄博，至青岛市冀岛区东于家河村东北海滨，横贯18个县、市（区），全长618.9千米，史称"千里长城"，比秦长城早四百余年，堪称"中国长城之父"，也是中国古代建筑最雄伟的代表。

前403年—前396年

尽地力，为疆君。自是以后，天下争于战国。

——《史记·平准书》

李悝变法

　　若说历史上成功变法的第一人，当李悝莫属。李悝在魏国国君的支持下，对残存的奴隶制度进行了大刀阔斧的革除，为封建制的确立铺就了一条康庄大道。李悝变法，不仅成就了魏国的腾飞，亦为其他列国变法图强打造了不二范本。

变法时间

前403年—前396年

在位国君

魏文侯

主要内容

选贤任能，赏罚分明；
废除贵族世袭制，按能力选拔官吏；
推行"尽地力之教"；
实行"平籴法"；
作《法经》六篇，包括盗、贼、囚、捕、杂、具

李悝像

李悝（前455年—前395年），河南濮阳人，中国战国时期法家重要代表人物。魏文侯在位时，他在魏国为相，选贤任能，赏罚严明，推行各项变法政策，使魏国成为战国初期的强国。其汇编的《法经》，是中国古代第一部比较完整的法典。

　　周威烈王二十三年（前403年），周天子承认了韩、赵、魏三国的国君，终于完成了对晋国的瓜分，三国成为战国时期新兴的大国。

　　但刚刚从晋国分离出来的魏国，在立国初期遇到很多困难。诸侯国之间的征战日益激烈，魏国外部的军事压力日益增大。魏国因地处中原腹地，原是晋国中相对落后的地区，其富庶程度不及韩国，军事强悍程度又不如赵国。为了增强魏国实力，魏文侯决定任用李悝为相，准备变法图强。

　　李悝（前455年—前395年），是子夏弟子曾申的学生，曾做过中山相和上地守，本不在魏国权力中枢之内，因他的变法思想切中魏国时弊，而得到魏文侯的重用。

　　一天，魏文侯问李悝，怎样才能招募更多有才能的人到魏国来。李悝没有回答，反问道："主公，您看过去传下来的世卿制度怎样？"魏文侯说："世袭

30

战国魏·错金银马首形青铜辕饰
1951年河南辉县出土,现藏于中国国家博物馆。这件精美的马头是车器装饰,专配在车辕前顶端的饰件。

制度弊病很多。"李悝立刻建议道:"这个制度不改革,就不能起用真正有才能的人,国家就治理不好。"于是,李悝变法的第一条,就是废除残存的奴隶贵族世袭制,向各国招纳贤才,这样,使得魏文侯统治时期的魏国有了英才荟萃的局面。

李悝变法,主要从农业开始。在当时的条件下,他认为财富产生的唯一根源是农业生产。如果农业落后,国家就会贫穷。因此,他提出"尽地力之教"的原则,就是最大限度地提高土地的生产效率。这包括要教会农民提高土地单位面积的粮食产量,并且增强种粮的积极性。因此,魏国在变法中承认土地的私有制,不仅让新兴地主,也让农民拥有了一定的土地。农民有了土地,生产积极性大大提高。尽地力的实施,使魏国的土地面积快速扩大。传统的奴隶主贵族经济被打破,大批原本属于奴隶主贵族的庄田,通过开阡陌的方式转入了新兴地主阶级和农民的手中。从此,魏国经济完成全面转型。

同时,李悝还创立了"平籴法"。"平籴法"规定每家农民收入的余粮由国家收购。好的年景时,由官府按好年成的等级出钱购买余粮;坏的年景时,由官府按坏年成的等级卖出一定数量的粮食。这样,国家关心农民收入,保证其生活稳定,农民收入也就是国家收入。

在军事上,李悝建立了武卒制,即对军中士兵进行考核,奖励优秀者,并按士兵们的作战特点重新编排队伍,发挥军队的作战优势。武卒制为魏国建立了一支强大的军事力量,一度称雄于战国。

通过李悝变法,魏国很快就富强起来了。李悝又搜集整理了春秋末期以来新兴地主阶级制定的法律,创制了中国历史上第一部比较系统的封建法典——《法经》,用法律形式把封建制度固定下来了,这也是其变法的一大贡献。

战国魏·方足布币
现藏于上海博物馆,为当时通行货币,币上都铸有铭文。

> 前412年—前381年

"辟土四面，拓地千里，皆起之功也。"

——《吴子》

西河战神吴起

吴起为了求取功名而杀了自己的妻子，多少有些不择手段；成名后，又因未做成魏国国相，而与田文比功，也多少有些自傲和狭隘。但这些缺点和争议不足以掩盖吴起的功劳和光芒，他在军事上做出的成就，仍是战国初期值得大书特书的一笔。

主角
吴起

军旅生涯
前412年—前381年

服务过的国家
鲁国、魏国、楚国

主要成就
助鲁抗齐；
在魏国创立武卒制，夺秦西河之地；
在楚实行变法

后世荣誉
武庙十哲之一

吴起塑像
立于陕西吴起县吴起广场。吴起（前440年—前381年），中国战国初期军事家、政治家、改革家，兵家代表人物。后世把他和孙武并称为"孙吴"。

杀妻求将，辅佐鲁君

吴起（前440年—前381年），被称为"西河战神"，一手掀起战国的军备竞争。他亲自训练的"魏武卒"，在阴晋之战中一战成名，在战国初期横行天下，令闻者丧胆。

吴起本为卫国人，少时喜欢舞枪弄棒，因为母亲斥责他不务正业，便发誓不干出一番成就，决不回家见母亲。后来，母亲去世，他果然没有回去。他先到鲁国，拜曾参为师，后又到其他地方求学，学得兵法韬略。隐居齐国的一位大夫十分欣赏他，将女儿嫁给他为妻。

吴起学成后，得鲁国相国公仪休推荐，做了鲁国大夫。

周威烈王十四年（前412年），齐国攻打鲁国，鲁国国小势弱，难以抵抗强齐。公仪休向鲁国国君举荐吴起为将，但鲁穆公说：

战国·彩漆木雕小座屏
现藏于湖北省博物馆。屏面横长方形，木质透雕，表面髹漆。屏面居中是一组相对的凤鸟，其左右两侧各有一组对鹿，双鹿间在盘曲缠绕的长蛇上有一只展翅下窥的鸟，最外侧各是一只面朝外的凤鸟。

"我知道吴起可以为将，但他妻子是齐国人，他又怎么能全心全意为鲁国效力呢？"吴起一心上阵杀敌，求取功名，当他得知鲁穆公不肯用他为将，只因他娶了齐国的田姓女子，然后竟把妻子杀了，以打消鲁穆公的疑虑。

他进宫面见鲁穆公，说道："臣有报国志向，今日杀妻以向您表明我报效鲁国的决心。"鲁穆公觉得吴起此举太过歹毒，但又怕吴起逃到他国，对鲁国不利，于是任命吴起为大将，率军抵抗齐军。

吴起到了军中，与士兵们同住同食，鼓舞士气，又将精锐部队藏起来，以老弱残兵迷惑齐军。结果，双方一交锋，齐军便溃败，鲁军获得大胜。鲁穆公十分高兴，拜吴起为上卿。但吴起的残忍，以及不孝、贪财好色等恶名，始终让鲁穆公不喜，且心有忌惮。而鲁国国小，也确实没有吴起的用武之地，于是他逃离鲁国，奔往魏国。

训练魏武卒威震诸侯

吴起到了魏国后，得到魏文侯的信任与重用。他的军事天分很快就得以体现，他训练出一支勇猛善战的劲旅——魏武卒，这支劲旅在他的带领下连战连胜，打败了强悍的秦军，夺得了秦国的河西之地。其后，魏文侯任命吴起为西河太守。吴起镇守西河，政治清

在德不在险

魏武侯巡游龙门西河时，吴起作为重臣随驾在旁。魏武侯遥看着大好山河，不由得大赞魏国的山河美丽而又险要，对吴起说："美哉山河之固，此魏国之宝也！"但吴起并没有献媚附和，而是对魏王说："在德不在险。若君不修德，舟中之人皆敌国也。"吴起的建议是，要用"德"来兴国，而不用"险"来守国，假如不以"德"来兴国，那么山河再险也是守不住的！吴起作为一名武将，没有借机逢迎君主，鼓吹自己保家卫国的功劳，而是提醒君主以德治国，实属难得。

明，百姓拥戴，士卒皆拼命杀敌。魏武侯在位时，他又在阴晋之战中大败秦军，成功守住西河。吴起由此获"西河战神"之名，其威名震慑四方，使得韩国、秦国不敢对魏用兵，确保了魏国西南边陲的安宁。

魏武侯在位时，吴起尽心尽力辅佐，但难免遭到武侯的猜忌。吴起自认为入魏以来，立下赫赫战功，应该得到相位，但魏武侯任命田文为相，他心中有些不满，与田文比谁功劳大。此事传到武侯耳中，对吴起更加猜忌，改派他人为西河太守。后来，为了试探吴起的忠心，魏武侯打算把妹妹嫁给他，如果吴起接受，成为王室成员，那么定能长久留在魏国；如果吴起不接受，则必怀二心。田文去世后，公叔痤继任为国相，他排挤吴起，故意请吴起到自己府中，让身为公主的妻子对自己百般侮辱。吴起看到公主这样刁蛮，不敢娶武侯的妹妹，拒绝了这门亲事，如此，他在魏国也待不下去了。

吴起吸疽图

楚国改革壮志未酬

吴起因此失去了魏武侯的信任，不得不离开魏国，到了楚国。在这里，吴起遇到了他的最后一个知己——楚悼王。吴起一到楚国，便被楚悼王任命为丞相，全权负责军国大事。

吴起为相后，立即在楚国实施变法。楚国的社会阶层和政权结构都由六大宗族势力构成，这六大宗族相互斗争又相互影响，争相把自己人往政府机构里塞，久而久之，导致楚国官僚机构膨胀，各级官僚尸位素餐，国家财政入不敷出，军费紧张，军队战斗力下降。所以，吴起变法首先从精简政府机构和人员入手，裁汰各部冗员。他削减贵族特权，整顿吏治，许多贵族子弟失去官位，被遣返回家。他还积极开发边远地区，改革军制，为楚国建立起强大的军队。

吴起在领军作战过程中，从不自视高人一等，与最下等的士兵做到"五同"。例如，在行军中，吴起不骑马，与战士们同样背负自己的口粮和作战装备；吃的食物和最下等的士兵一样；在野外露营时，也是在不加整饬的田埂上，铺上树叶休息，不搞特殊。

同时，他关爱士兵，士兵生病了，亲自照料慰问。著名的"吴起吸疽"的

感兴五首

吴起为鲁将，
杀妻殊不仁。
乐羊伐中山，
食子太无情。
功名苟为重，
骨肉无乃轻。
以此谋富贵，
何如甘贱贫。
沛丰三尺剑，
抵掌收楚秦。
未央玉卮寿，
以功骄父兄。
惜哉一杯酒，
终愧一杯羹。

——宋·于石

故事，讲的就是吴起在关心战士疾苦方面，体现出超于一般将领的行动，得到战士真心诚意的拥戴。

有了良好的内部关系作为基础，军队形成了强大的向心力，战斗力空前强大。

之后，他又带领休整后的楚军东征西讨，取得了赫赫战功。向南方扫荡平定了百越等少数民族割据部族，安定了楚国后方；北上吞并了陈、蔡等小国，并威胁着赵、魏、韩三国；向西攻打秦国。一时间，楚国声威大震，引得天下侧目，其余六国惴惴不安。

吴起变法壮大了楚国的实力，但也让他得罪了楚国的贵族势力。

功未成身先死

周安王二十一年（前381年），楚悼王去世，六大世族甚至等不及新君楚肃王即位，就想要杀死吴起。他们密谋在楚悼王的灵堂内对吴起下手，因为在其他地方他们无法接近吴起，而君主的灵堂内，任何人不能带兵器入内，这是个很好的机会。

但即使密谋好了，这些士族也不敢接近吴起，近身搏杀，他们选择用弓箭远距离射杀吴起。吴起一踏入灵堂，就明白了自己的处境，他知道自己死定了。身经百战的他立即做了最明智的决定：扑向楚悼王的尸体。一时乱箭齐发，不但射死了吴起，也射到楚悼王身上。

楚国有国法，加兵器于王身者，是死罪。楚肃王即位后，严查射死吴起和射中楚悼王尸体的人，一共杀了60余人，还夷灭了他们的三族。吴起死后，楚国的变法随之停止，楚国的改革力量再也没能翻身。

吴起是战国时代少有的军事家、政治家、改革家，他的一生，影响和改变了战国时代很多国家的命运和进程，给后世许多军事和政治改革提供了借鉴和范本。

战国·水晶杯

1990年出土于浙江杭州半山镇石塘村的战国墓地，现藏杭州博物馆。素面无纹，造型简洁，虽然有些杂质，但透明度和抛光处理程度都比较好，整个杯子是用整块天然水晶制成，其体现出来的高超制作技巧和工艺水平令后世惊叹。

前389年

十六年，伐秦，筑临晋、元里。十七年……西攻秦，至郑而还，筑雒阴、合阳。

——《史记·魏世家》

阴晋之战

这是一场以少胜多的经典战例，吴起以5万步卒对抗秦国的50万大军，结果少者胜，众者败。这场战争的胜利，也标志着魏国在战国初期大国地位的确立。

背景

秦、魏两国对河西地区进行争夺，魏国占领了河西，秦国不甘心

时间

前389年

参战指挥官

秦国：秦惠公
魏国：吴起

双方兵力

秦国：50万；
魏国：5万步卒、骑兵3000、战车500辆

结果

魏军以少胜多，大败秦军

意义

秦国东进势头遭到遏制

关中河西地区（今山西、陕西两省间黄河南段以西地区）一直是秦、魏争夺的焦点。周威烈王七年（前419年）至周威烈王十八年（前408年），魏军多次攻占河西，后在大将吴起的率领下，经过数次大大小小的战役，终于占领了河西之地。秦军退守洛水一带。对于秦国而言，失去河西，等于失去天险，所以决不会善罢甘休。此后，秦军多次进攻魏国，企图夺回河西之地，但均以失败而告终。

周安王十三年（前389年），秦国再次倾全国50万兵力，进攻河西重镇阴晋（今陕西华阴），希望一举拿下河西。

面对秦军的大举进攻，魏武侯采纳了吴起的建议，派5万名没有立过功的步兵上前线，并加派战车500辆，骑兵3000人，全由吴起统领，共同抗击秦军。魏武侯还亲自到前线犒劳将士，魏军上下一时士气高涨。

战前一天，吴起向三军发布命令："诸将士都应当跟我一起去同敌人作战，无论车兵、骑

吴起像

吴起（？—前381年），卫国椎谙（今山东定陶西，一说陶县东北）人，战国初期军事家、政治改革家、军事理论家，著有《吴子兵法》，后世把他和孙子合称"孙吴"。

兵还是步兵都要奋勇杀敌。如果车兵不能缴获敌人的战车，骑兵不能俘获敌人的战马，步兵不能俘获敌人的步兵，即使打败敌人，都不算有功。"士兵们得到激励，个个有争功之心。

第二天，吴起率5万步兵迂回到秦军后方，双方摆开阵势，准备决一死战。这群没有功名的魏军下级士兵，皆立功心切，全然不惧敌方的50万大军。急遽的战鼓响起，秦军的箭铺天盖地而来，但只有少数能射到魏军阵中，其余都落在了双方阵前的空地上。而魏军的弓箭手都是精挑细选的魏武卒，每一轮遮天蔽日的箭雨过去，秦军必然倒下一大片。

开战不利，秦军将领改让战车冲锋，而迎接他们的是魏军精锐骑兵的迎头痛击。随后魏军战车出动，骑兵则开始包抄、分割秦军步兵，魏军步兵也山呼海啸般地冲上来。他们个个奋勇当先，以一当十，号称50万的秦兵陷入慌乱之中。挤在一起的秦军手足无措，在两面夹击下，很快崩溃，个个抱头鼠窜，互相践踏。

经过魏军的反复冲杀，50万秦国大军被打得溃不成军，狼狈逃出河西。魏军取得了辉煌胜利。此战过后，秦军基本丧失对抗三晋的实力，而魏国遏制了秦军东进的势头，成功守住了河西之地。阴晋一战，吴起名扬天下，亦创造了战国初期战事以少胜多的奇迹。

战国·铜错金戈
铜质，以金丝在器物表面上镶嵌花纹。错金部分的纹饰如行云流水般自如，展示出战国时期高超的技艺。现藏于美国纽约大都会艺术博物馆。

吴起激励将士之法

吴起在做西河郡守时，为激励军队保持高昂士气，请国君来举行庆功宴。宴会上，立上功者可坐前排，使用金、银、铜等贵重餐具，猪、牛、羊三牲皆有；立次功者坐中排，贵重餐具和三牲都适当减少；而无功者坐后排，且不得使用贵重餐具。宴会结束后，魏侯还要在帐门外赏赐有功者的家属；对死难的将士，吴起还请魏侯每年派人慰问其家属，赏赐他们的父母，以表示不忘他们为国捐躯的功劳。这个方法实行了三年，到秦军大举进攻时，魏军士兵不等命令，就自行穿戴甲胄，要求与秦军作战。所以，在阴晋一战中，魏军能获得大胜。

前405年—前386年

魏文侯乃使使言周天子及诸侯，请立齐相田和为诸侯。周天子许之。康公之十九年，田和立为齐侯，列于周室，纪元年。

——《史记·田敬仲完世家》

田氏代齐

历来政权更迭都要经过一番厮杀，而田氏代齐采取的是和平演变的策略。田氏一代一代世为相国，待齐国吕氏王族越来越弱、尽失民心的时候，取王位便如探囊取物，轻而易举列诸侯之位。

背景
齐国王室腐败衰落，贵族大夫田氏兴盛

时间
前386年

人物
田乞、田常、田和等

手段
大斗出、小斗进，收揽人心，掌控政权

结果
由田氏取代姜姓吕氏统治齐国

田氏兴盛

战国时期，齐国君王腐败至极，不问朝政，百姓苦不堪言，而齐国的贵族田氏却越来越壮大。周安王十六年（前386年），齐国田氏中的田和顺利取代吕氏，成为齐国国君。

田和，陈国公子陈完的后代。当年陈完流亡到齐国的时候，被齐桓公接济，并任命为工正，封地于田。陈完从此以田为姓，唤作田完。田完的后裔田无宇，力气奇大，因此被挑中侍奉齐庄公，成为十分得宠的臣子。后来，田无宇去世，他的儿子田开、田乞继承了父位。其中，田乞是当时侍奉齐景公的大夫。然而齐景公晚年讲求奢侈，又压迫百姓、厚赋重刑，导致民怨沸腾。当时齐国公室中的布匹和衣料，还有粮库中的粮食堆积起来，大都腐烂，不能再用，而老百姓却穷苦至极，吃

齐宣王见颜斶
近现代画家叶昀绘。描绘了颜斶正与齐宣王争论国君与士人谁尊谁卑问题的场景。

齐景公问政于孔子
出自明《孔子圣迹图》。齐景公想用孔子，遭到大臣晏婴的反对。齐大夫又扬言，欲害孔子，于是孔子离开齐国。

不饱也穿不暖，还有永远都做不完的劳役。当然也有百姓起来抗争，都会被齐景公判处砍足之刑，街市上到处都是被砍脚的无辜百姓。而遇上连年灾情的时候，齐景公仍只顾奢侈享乐，不派人去灾区赈济。

在这种情况下，大夫田乞却极力要求施行新政、施恩于民，不能让百姓受苦。在老百姓向他借粮食时，田乞都是用大斗借出，而归还粮食的时候只让百姓用小斗归还。田氏家族用这样的方式笼络百姓，齐景公却不以为意，也从来不加禁止。就这样，田氏逐渐得到了齐国百姓的拥护和爱戴，田氏家族的势力日益强大起来。

后来，田乞去世，他的儿子田恒为相，也就是著名的田成子。当时，田恒和监止分别为齐国的左右相，共同辅佐齐国君主齐简公。齐简公了解田氏的势力，自然也就忌惮田恒，于是开始宠信监止。田恒没有办法专权，就重新使用田乞所用的把粮食大斗借出、小斗收回的方法收买人心。一来二去，齐国百姓得到了实惠，都纷纷赞颂他的功德。

这天，有齐国大夫上朝对齐简公说："大王，田恒和监止两个国相，注定是不能同时都任用的，您可千万要及时定夺啊！"但齐简公听了这话之后，并没有采取任何措施。于是，就这样过了数十年，齐国民心早就背离了原来的吕氏，大家都认为田氏家族才是真正贤德爱民的家族，百姓们私下里也都称赞田氏家族的恩德。

田氏专权

齐简公执政时，因宠信监止，就有不少趋炎附势的人依附监止。当时，子我就是监止的同族之一，平日里与田氏不和。侍奉子我的田豹是田氏家族的远房亲戚。子我当时对田豹说："我想把田氏的直系子孙都除去，到时候就让你来接续原有的田氏宗族，怎么样？"田豹听后，没有理会。不久，田豹私下里写信给田氏说："子我对我说，他将要诛灭田氏家族，为了避免灾祸，田氏应该先下手为强。"

田恒等人得知消息，立马找机会乘车入宫，要杀掉住在齐简公宫里的子我。齐简公听说田恒带兵入宫，神色大变，想要派人驱逐田恒，但齐简公身边有人对他说："田恒是不敢作乱的，他这次应该也是要为国除害。"齐简公听后，这才没有行动。

田恒进宫后，听说齐简公因此而生气，害怕会被齐简公处死。而田恒的亲信对他说："千万不可迟疑不决，不然一定会耽误大事！"于是，田恒立即派人攻击子我。子我慌乱抵抗，但却根本不是田氏的对手，只能落荒而逃。田恒部下紧追不舍，最后杀死子我和监止。

这时候，齐简公深知自己在宫中已经没有了势力，偷偷逃出自己的王宫。但不幸的是，他在逃跑途中被田恒的部下捉住，最后死在田恒部下的手中。随后，田恒拥立齐简公的弟弟骜作为傀儡国君，也就是齐平公，而田恒自然而然地成为齐国相国。这样一来，田恒真正开始操纵起齐国的实权，并孤立了吕氏公族。

田恒在当相国的时候，非常擅长获取民心，他主张论功行赏、亲近百姓，很快就使齐国内部得到了进一步安定。同时，田恒还把齐国安平（今河北衡水境内）以东到琅邪（今山东临沂）这块地方作为自己的封邑。这个封邑实际上比齐平公的还要大，而田氏家族自然也比齐平公富有多了。

战国·彩漆龙蛇座花瓣盘豆
2002年湖北九连墩1号墓出土，现藏于湖北省博物馆。豆通体以黑漆为地，髹土红、赭色、黄等漆，柄、座由整木雕刻成龙擒蛇状，龙口衔蛇、龙爪支底，顶盘饰成16片花瓣，下接龙头。雕琢精细，生态逼真，整件器物轻盈剔透，奇谲诡怪。

田氏代齐

田恒即将去世之时，他的儿子田襄子成了齐宣公的相国，而这时候，田襄子受到三家分晋的启示，所以让他的兄弟和本族人都做了齐国各个大小城邑的大夫。与此同时，田恒派人与三晋互通使节，田氏家族几乎已经掌控了整个齐国。而田襄子去世后，他的儿子田白又继承为相国，即田庄子。田庄子去世，他的儿子田和继任为相国，田氏家族的相国职位如王位一般世袭相传。

周威烈王二十一年（前405年），齐宣公去世，齐康公即位。而这时的齐康公，事实上已经对相国田和唯命是从。齐康公原本就昏庸无能，不理朝政，更别提笼络民心了。于是，田和将齐康公迁到了东面的一座海岛上，只给了他一个城邑作为食邑，而自己则成了齐国的代理君王。

周安王十五年（前387年），田和与魏武侯在浊泽（今山西运城）会面，魏武侯派人向周安王以及各个诸侯国传话，请周王室和各诸侯国承认田和为诸侯。

周安王十六年（前386年），田和正式位列诸侯，而这也就是史上著名的"田氏代齐"的典故。

周安王二十三年（前379年），齐康公去世，因为齐康公没有子嗣，他的食邑也就被田氏收回。就这样，齐国完全被田氏家族取代了。

战国·菱形勾连云纹铜敦

出土于湖北随州吴家塆墓地，现藏于随州博物馆。敦呈椭圆形球状，子母口，盖口部上饰活形扣钮。器盖和器身各有三个镂空兽形足，口部上下各有二个对称环形耳。通体饰三角几何纹、勾连云纹、涡纹，花纹构图新颖，富有变化。

谨小慎微的陈完

当年陈完逃亡到齐国，齐桓公想要任命陈完为齐国客卿，然而陈完却辞谢说："我这种寄居在外的小臣能够有幸获得宽恕，这是君王的恩惠。我得到的已经很多了，实在是不敢接受这样的高位。"于是，齐桓公就让他做了工正。

这天，陈完招待齐桓公饮酒，齐桓公十分高兴。天色已晚，桓公让陈完继续陪自己喝酒，而陈完却辞谢说："臣只知道白天招待君主，不知道晚上陪饮。故而不敢遵命。酒是用来完成礼仪的，但却不能贪杯，不能没有节制，这是义；我同国君饮酒，已经是完成了礼仪，同时要劝说君主，不使他过度，这是仁。"听到这番话后，齐桓公更加信任陈完了。

前375年

段规曰："不然,臣闻一里之厚而动千里之权者,地利也……"王曰:"善。"果取成皋。至韩之取郑也,果从成皋始。

——《战国策·韩一》

蓄谋已久韩灭郑

自三家分晋后,韩国早有吞并郑国的野心。经过历代韩国君主的不懈努力,终于在韩哀侯时顺利地将郑国吞入囊中。韩国也因此实力大增,最终成为战国七雄之一。

时间
前375年

地点
雍丘、阳翟、新郑等

背景
自春秋郑庄公死后,郑国内部一直动乱不止,新兴的韩国趁机扩大地盘

结果
郑国被灭

意义
韩国实力大增,最终成为战国七雄之一

郑国历史悠久,与晋国接壤,是春秋时期第一个强大起来的诸侯国,到了郑庄公时期,更是称霸中原,"天下诸侯,莫非郑党"。后因内乱和外敌入侵,郑国逐渐衰落,到战国时期,昔日强大的郑国已苟延残喘,成为其他诸侯国争夺、吞并的对象。

周贞定王十六年(前453年),晋国发生内乱,赵、魏、韩三家灭了智家后,便瓜分了晋地。在分土地的时候,韩相段规对韩康子说:"您在分地时一定要把成皋(今河南荥阳)拿下来。"韩康子疑惑道:"成皋土壤贫瘠,要它有什么用?"段规说:"成皋虽不能种庄稼,但其地形有利,将来在消灭郑国的时候必定能派上用场。"于是,韩康子在分地时便要了成皋,赵、魏两国见成皋并无重要的价值,也都没有意见。段规高瞻远瞩,为韩国赢得了攻打郑国的门户。

此后,韩国开始了吞并

河南新郑郑韩故城遗址
是前770年—前230年春秋时期郑国与韩国两代诸侯王朝的都城。

战国韩·青铜戈
戈是汉族在先秦时期一种主要用于钩、啄的格斗兵器,一般长戈用于车战,短戈用于步兵。

郑国的战争。周威烈王三年(前423年),韩国国君韩武子趁郑国国君郑幽公刚刚即位之际,以成皋为基地攻打郑国,杀死了郑幽公。郑国大臣们没有办法,只好拥立了幽公的弟弟郑繻公继位。

韩武子死后,其子韩景侯韩虔即位,继续对郑国施压,攻克了郑国的雍丘(今河南杞县)。周威烈王十八年(前408年),郑国被韩国逼得无奈,动用民力、财力加固长城(从今荥阳崔庙镇的王宗店至新密市的茶庵,共长4320米)。经过一番休整,郑国出兵夺取了韩国的负黍(今河南登封境内)。

不久以后,因为魏、赵、韩三国联合讨伐齐国,韩景侯的重心便逐渐东移,暂时无暇顾及郑国,韩国与郑国便保持了一段时间的和平。

周威烈王二十三年(前403年),韩、赵、魏三国得到周威烈王的承认,韩景侯正式位列诸侯,韩国正式建立。但韩国成立之初,内部存在着许多政令上的冲突,臣子间也矛盾重重。郑国趁机发动反攻,于周安王二年(前400年)包围了韩国的阳翟(今河南禹州),为自己扳回一局。然而郑国得意没多久又爆发内乱。楚国出兵攻郑,郑繻公为取悦楚国杀了自己的相国驷子阳,内部哗变,君臣离心。两年后,驷子阳的党羽起事,弑杀郑繻公,拥立了郑幽公的弟弟郑康公。郑国四分五裂,不需他国来灭便因内斗渐趋灭亡了。

周安王十七年(前385年),韩国倾全国之师伐郑,一举攻取阳城(今属山西)。郑国修筑的长城也被攻破,国土只剩下今荥阳和新密、郑州新郑一带。周烈王元年(前375年),韩哀侯又对郑国发动进攻,杀死郑康公,兼并其国土,郑国遂亡。随后,韩国将都城迁到新郑(原郑国都城),郑国彻底融入了韩国。

战国·铜车马饰件
以透雕工艺饰图案,形象质朴。

前371年

> 政乃市井之人，鼓刀以屠；而严仲子乃诸侯之卿相也，不远千里，枉车骑而交臣。

——《史记·刺客列传》

士为知己者死

战国乱世，有许多重情重义的侠士令人感念。同豫让一样，聂政为报严仲子的大恩，只身刺杀韩相，以身家性命续写着"士为知己者死"的刺客情怀。

姓名
聂政

籍贯
韩国轵(今河南济源东南)

职业
侠客，战国四大刺客之一

所托之人
韩国大夫严仲子

刺杀对象
韩国宰相侠累

刺杀原因
严仲子与侠累有仇，严仲子厚待聂政，求其为己报仇

刺杀地点
侠累的府上

为人风格
锄强扶弱、"孝"字当先

战国·鹰形金冠
内蒙古自治区鄂尔多斯市杭锦旗阿鲁柴登出土。早在商代，中国已有了黄金制品。战国时的黄金多用作镶嵌，以表珍贵。

一为屠夫，一为大夫

聂政，韩国人，战国时著名刺客。他从小就是侠肝义胆之人，曾为了帮朋友出口恶气，而背负杀人之祸逃至齐国隐姓埋名。

聂政到齐国之后，就做了一名屠夫，和母亲、姐姐清苦度日。他原以为这辈子或许就这样做一名杀猪的莽夫了。

当时，韩国灭了郑国，迁都新郑，韩哀侯任用至亲侠累为相，而侠累独揽大权，侠累曾经和严遂是莫逆之交，严遂来到韩国以后，想让侠累帮忙向韩国国君韩哀侯引荐自己，侠累虽然满口答应，却迟迟不见行动。一个月后，严遂花钱买通了韩哀侯身边的人，才见到国君。韩哀侯对其才能很是欣赏，想重用他，而侠累却在韩哀侯面前说他的坏话，劝阻韩哀侯起用他。所以严遂仅为大夫。严遂又称严仲子。严仲子和侠累在朝堂上结下仇怨，

且矛盾越来越深，到势不两立的地步。虽然严仲子很受韩哀侯器重，但侠累是韩哀侯的叔父，更是当朝位高权重的宰相，权势比严仲子大得多。如果严仲子继续留在韩国，势必会凶多吉少，或许被侠累暗杀了也未可知。

严仲子不得已逃回自己的老家卫国濮阳（今河南省濮阳西南）避风头，但是他并没有束手待毙，数次派人刺杀侠累都未能成功。机缘巧合之下，严仲子听说了聂政这个人，于是驱车前往齐国去见聂政。

严仲子厚待结交

严仲子多次登门拜访聂政，欲与其交好。聂政虽是莽夫，但一个大夫不辞辛劳亲自驱车前来结交，内心早已感动，遂与严仲子成为朋友。多次闲谈后，严仲子抓住了聂政的软肋——他非常孝敬自己的母亲。于是，严仲子备办了宴席，亲自捧杯给聂政的母亲敬酒。

聂政刺侠累

战国时期，韩国人聂政为大臣严仲子杀死权臣侠累。聂政（？—前371年），战国时侠客，韩国轵（今河南济源东南）人，以任侠著称，为战国时期四大刺客之一。

喝到畅快兴浓时，严仲子随即拿出黄金一百两到聂政老母跟前祝寿。

聂政面对厚礼并不敢要，也不愿意要，他对严仲子说："我虽杀猪为业，侍奉老母也还将就。"严仲子独自对着聂政，道出个中缘由："我是韩国大夫，但和宰相侠累有仇，我周游很多诸侯国，都没找到为我报仇的人。后来在坊间听说了你见义勇为的故事，特意多次来往齐国，诚心愿和你交个朋友，献上百金孝敬你的母亲！"

聂政虽然感动，但是依然拒绝了严仲子："我为友杀人带着老母躲避至此，不想再让母亲担惊受怕。"

后来，聂政的母亲去世。安葬完母亲，又等丧服期满，聂政暗自思忖道：我不过是一个杀猪莽夫，而严仲子为一个大夫，却多次前来诚心结交，真心为我排忧解难。他懂我，知道我并不和其他屠夫一样。他看中我的侠肝义胆，与我推心置腹，知道我是值得交的朋友，也从未曾强迫我去为他报仇雪恨，我又何德何能与这样的大夫称兄道弟，接受他的帮助呢？之前因为母亲在世，拒绝他的请求，而现在我应该为了这个了解并肯定我的人做一点事情。于是，他毅然前往濮阳去见严仲子。

刺杀韩相，毁容自杀

聂政到了濮阳，对严仲子说："以前没答应仲子的邀请，是因为母亲在世；如今不幸老母已享尽天年。请仲子详说报仇之事，我答应为你办这件事情！"

严仲子原原本本地告诉他说："我的仇人是韩国宰相侠累，宗族旺盛，人丁众多，他又是韩国国君的至亲，士兵防卫严密，所以我之前多次派人刺杀从未得手。现在，终于等到你答应为我前去报仇，我就去多准备车马还有壮士做你的随从吧。"

聂政说："这件事只能我自己去做，不能有随从和车马，否则一旦走漏风声，那就等于整个韩国的人与你为仇，你还怎么再回韩国呢？"于是，聂政谢绝车骑人众，辞别严仲子只身前往。

聂政到达韩国都城后，进了韩国宰相侠累的府邸。侠累正好坐在堂上，虽然周边持刀的护卫很多，但因聂政只身一人，并没引起护卫的重视。他直冲而入，没等旁边的人反应过来，就快步走上台阶，以迅雷不及掩耳之势刺杀了侠累。顿时，侍从人员大乱，侍卫们一起攻击聂政。聂政大喝一声，又连续击杀了十几人，因担心自己的容颜被人认出来，连累姐姐，遂用剑毁掉自己的面容，又掏出肚肠，自杀而死。

战国·龙凤纹漆耳杯
2002年湖北九连墩1号墓出土，现藏于湖北省博物馆。耳杯始见于战国时期，食器之一，古称羽觞，椭圆状，两侧有附耳。整体用薄木胎挖制，黑漆为地，上用红、黄两色彩绘龙和凤纹饰。

聂政毁容像

姐弟情深

聂政毁容自杀，使得韩国人查不出他是哪里的刺客，只好将聂政的尸体陈列在街市，悬赏千金征求能说出杀死宰相侠累的人。聂政的姐姐了解自己的弟弟，她得知这个消息，就抽泣道："是我弟弟吧？哎呀，严仲子知道怎么获得我弟弟的心啊！"

聂政的姐姐名叫聂荣，曾因聂政，到了出嫁的年龄仍没有人前来提亲说媒，聂政心怀愧疚。后来严仲子帮聂荣找了夫婿，聂荣婚后生活美满。这也是聂政觉得亏欠严仲子，必当相报的一个原因。

聂荣想到可能是弟弟刺杀了侠累，马上动身到了韩国。她看到暴尸街头的刺客，虽然已经毁了容，但一眼就认出是自己的弟弟聂政。聂荣趴在尸体上痛哭，说："这就是轵深井里（古地名）的聂政啊。"

街上的行人们都说："现在全城重金悬赏知道刺客姓氏的人，你怎么还敢来认尸？这不是自寻死路吗？"

聂政的姐姐回答说："我知道。可是我弟弟聂政是个侠肝义胆的人，他之前承受羞辱，不惜混在屠猪贩肉的人中间，是因为顾及老母和我的安危。如今老母去世，我已嫁人，严仲子从穷困低贱的处境中结交我的弟弟，恩情深厚！勇士本来应该替知己牺牲性命，而弟弟依然念及还在世的我，就自行毁坏面容躯体，使人不能辨认，以免牵连到我的性命，我怎么还能够贪生怕死，置弟弟的名誉于不顾呢？"

接着又说道："弟弟啊，你为知己而死，我做姐姐的又怎能有所畏惧独活于世，现在全天下的人都知道你的侠名了，我也没有遗憾了。"说完这番话之后，聂荣也死在聂政身旁。整个街市上的人都为这姐弟俩的义气大受感动。

严仲子得知这件事之后，悲痛不已，花重金买下了聂政姐弟的遗体，厚葬了。聂政为了知己而杀人的故事很长一段时期内被广为传颂。

聂政及其姊图
聂政年轻侠义，刺杀侠累后怕连累与自己面貌相似的姐姐，遂以剑自毁其面，挖眼、剖腹自杀。

> 少年中国史

战国田齐时代

邹衍、淳于髡、田骈、接子、慎到、环渊之徒七十六人，皆赐列第，为上大夫，不治而议论。

——《史记·田敬仲完世家》

兴盛的稷下学宫

稷下学宫是中国历史上诸子百家争鸣的基地。它既是学术机构，又是政府的智囊团，还是世界上第一所官方举办、私家主持的高等学府。

资办人
田齐一族

功能
教学育人、学术交流

性质
官办高等学府

地点
齐国国都临菑稷门

师资力量
孟子、荀子、申子等

入学资格
学习知识、建功立业的有志之士

存续时间
150余年

存在意义
开创了战国时代"百家争鸣"的局面

荀子像
荀子（前313年—前238年），名况，字卿，赵国人，战国时期思想家、教育家，儒家代表人物之一。

稷下学宫是由齐国官方创办的一个学术文化中心兼政治咨询中心，但在执教方面，是由私人主持的高等学府。它由田齐桓公田午创立，因为位于齐国国都临菑（今山东淄博市）稷门附近，得名"稷下学宫"。"稷"是淄城的一处城门的名称，"稷下"即稷门附近的意思。

齐国的经济、政治、文化传统等综合条件，奠定了稷下学宫之所以产生于齐国而不是其他列国的基础。

作为齐国的"最高学府"，稷下学宫的硬件条件绝对一流，而在教育上又有鲜明的特点，不拘泥形式，可以师生游学。学生可以自己选择老师，老师可以招收自己喜欢的学生，学和教都发挥主动性，几乎没有任何限制。这种开放的政策和兼容并包的思想，大大促进了人才的培养和成长，也促进了各种学说的发展和新学说的创立。

齐宣王在位期间，借助强大的经济军事实力，一心想称霸中原，完成统一中国的大业。为此，他像其父辈那样广招天下贤士而尊宠之,也大办稷下学宫。为稷下学者提供优厚的物质与政治待遇,"开第康庄之衢",修起"高门大屋",政治上,授"上大夫"之号,享受大夫的政治地位和政治待遇。勉其著书立说,展开学术争鸣,激发他们参政、议政的热情和积极性,吸纳他们有关治国的建议和看法。因此,吸引了众多的天下贤士汇集于稷下。这一时期的稷下学宫,在其辉煌的历程中,发展到最高峰。这种盛况,既是齐国政治稳定、经济繁荣的产物,也是当权者重贤用士,思想开放所产生的必然结果。

《史记》记载,稷下学宫在鼎盛时期吸纳了贤者达上千人,称为稷下学士。这些人来自不同列国,不同学派。对于各派学者,齐国统治者均采取来者不拒、十分优待的态度。所以,在学术上,稷下学宫以黄老为主,集讲学、著述、育才活动为一体,又兼容百家之

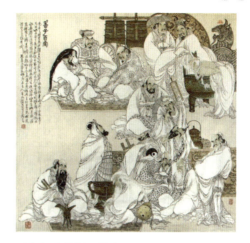

百家争鸣的稷下学宫

稷下学宫是当时齐国的政治咨询中心。齐国统治者对稷下先生们的各种意见,采取从善如流、平等相待的态度。如淳于髡曾用隐语谏威王戒"长夜之饮",劝其奋发图强;齐宣王与孟子曾多次讨论政事,探求统一天下的途径;王斗曾直面批评宣王不好士,直到宣王认错、改错。稷下学者进言,齐王纳言,是稷下学宫的一大特色。平等精神,曾在这里开花结果。

学,多元思想并立,各家学派共存,彼此吸收融合。任何人到这里都可以凭借自己的创意学说谋求仕途,为现实的政

人性善恶论

如同现代人争论先有鸡还是先有蛋,在战国时代对人性善恶也讨论不休,有三种具有代表性的看法。

第一种是孟子的性善论。孟子认为就像水会往下流一样,人生来就是善良的,会做恶事是受环境的影响不能把握住自己所致。

第二种是告子的人性没有善恶之说。他认为人生来是没有善恶之分

的,就像水渠里的水,是不受水自己控制的,由水渠决定走向而已。所以人性也不是靠自己决定的,是因为后来的教育和环境熏陶才会有善、恶之分。

第三种是荀子的性恶论。和孟子相反,他觉得人性生来就是恶的,人的天性就是利己的,为了私利争相抢夺。之所以有善、恶之分,是因为受到了后天的教育和环境的影响。

治事务出谋划策，昌言天下治乱，横议政事国事。

在这种形势下，稷下各家为求得自身的存在与发展，相互间展开论争，使稷下学宫出现了中国历史上前所未有的百家争鸣的生动局面。在论争中，不仅充分展示了各自的理论优势，而且使学者们也认识到各自的理论弱点，促使他们不断吸收新思想，修正、完善、发展自己的学说。论争促进了不同学术见解的思想渗透和融合。

先后到稷下学宫讲学的不仅有道家、法家、名家、阴阳家，也有儒家、墨家乃至农家，各家各派一律平等。其中著名的有孟子、淳于髡（齐国思想家和政治家）、邹子（邹衍）、田骈、慎子（法家代表人物）、申子(申不害)、季真、荀子等人。荀子为战国末期的儒家代表，曾三次出任稷下学宫的祭酒（相当于校长）。

稷下学宫成为中国古代历史上第一次思想解放运动的策源地，成为战国时期的文化中心，并成为"百家争鸣"的论坛和文化阵地。

稷下学宫在存在的150年中著述颇丰，仅在《汉书·艺文志》中，所著录的稷下诸子之书就有分属儒、道、阴阳、法、名等诸家的《邹子》《邹子始终》《慎子》《宋子》《尹文子》《公孙龙子》《鲁仲连子》《管子》《孙卿子》《公孙固》《蜎子》《田子》《捷子》等。这些著作，不仅开启了秦汉文化发展之源，也对秦汉及以后文化的发展与繁荣产生了深远影响。

稷下学宫的讲学名家

学派	代表人物	简介
阴阳家学派	邹衍	齐国人，阴阳学派的创始人与代表人物。主要学说是"五德终始说"和"大九州说"
	驺奭	齐国人，学者，著有《驺奭》12篇
道家学派	尹文	齐国人，学者，著有《尹文子》
	貌辩	宋国人，学者，善于雄辩术
	田骈	齐国人，早年学黄老之术，有辩才，尤好争论
	慎到	赵国人，战国时道家、法家思想家
	环渊	楚国人，战国时道家学者，学黄老道德之术
	宋钘	宋城人，战国时道家学派的前驱
	接子	齐国人，著《接子》两篇
游说家	淳于髡	齐国人，善于辩论，经常代表齐国出使各国
	鲁仲连	齐国人，战国时游说名士
儒家	荀子	赵国人，著名思想家、教育家，提倡"性恶论"

战国·虎座鸟架鼓

2002年湖北九连墩2号墓出土,现藏于湖北省博物馆。乐器,两只背向而踞的卧虎为底座,虎背上各立一只凤鸟,背向而立,凤鸟之上又有小虎各一只,共同托起一面大鼓用红绳带悬于凤冠之上。通体髹黑漆为地,以红、黄、金、蓝等色绘出虎斑纹和凤的羽毛。全器造型逼真,彩绘绚丽辉煌,是楚文化的代表物,反映了楚人崇鸣凤、向往安详的意识和征服猛兽、不畏强暴的精神。

> 前369年

懿侯说,乃与赵成侯合军并兵以伐魏,战于浊泽,魏氏大败,魏君围。

——《史记·魏世家》

浊泽之战

魏国因为"兄弟阋墙"而导致内乱,韩、赵两国本想趁火打劫,分掉魏国"一杯羹",却于胜利在望之际因利益相左而忽然散了伙。于是战争发生戏剧性转变,敌军不攻自破,处于劣势的魏国大公子魏䓨迅速抓住时机,稳定了政局。

时间
前369年

地点
浊泽(今山西运城)

背景
魏国陷入王位之争,韩、赵趁虚而入

结果
韩赵联军撤退,魏䓨自立为王

历史评价
因魏缓的自私和愚蠢所招致的外敌入侵

战国初期,三晋分裂,魏、卫、赵、楚陷入中原大战。周烈王六年(前370年),魏武侯突然暴毙,由于并未指定继承人,他的两个儿子魏䓨和魏缓为争夺王位闹得不可开交。

在争斗中,魏缓因为势力较弱,不敌王兄魏䓨,便逃往赵国,请求赵成侯相助为他夺得王位。随后,魏国大夫公孙颀也进入韩国会见韩懿侯,并游说道:"此时魏国陷入内乱,若是韩国与赵国联合出兵,一定能除掉魏䓨,大败魏国,实乃天赐良机啊!"韩懿侯一听,觉得有道理,便决定联合赵国出兵,干涉魏国内政。

周烈王七年(前369年),韩、赵联合出兵大举攻打魏国。两国联军在黄河以北会合,然后向魏国都城安邑(今山西夏县西北)进发。魏䓨派出魏军在浊泽(今山西运城)迎战,这场战争也被称为浊泽之战。

但陷入内乱的魏国完全是一盘散沙,魏军根本无法抵挡两国的联军,很快在浊泽被杀得大败。韩、

战国魏·"安邑二釿"圆肩布及平首布

魏国早期建都安邑,位置距秦、韩、楚较近,属军事重地。安邑釿布铸造精整,足值。如此铸造货币不但体现出魏国在战国初年经济实力稳固,与周边各国进行贸易往来也更为密切。

赵联军随后包围了安邑,将魏䓨驱赶到大梁(今河南开封),并困于城内,准备采取下一步行动。

魏䓨在城内束手无策,只能暗自着急,然后静静地等待机会。就在魏䓨要感到绝望的时候,韩懿侯和赵成侯却为了战后如何处置魏国的问题发生了分歧。因为魏缓投靠了赵国,赵成侯主张立魏缓为魏王,然后两国各自取得一些魏国的土地,再率兵离开。而韩国因为刚刚吞并郑国还没来得及消化,并且觉得这样可能会被其他列国认为赵、韩贪暴,落下不良名声,便主张将魏国分裂成两国,使之变成二流国家。双方各持己见,为了这个问题闹得不可开交,最终谁也不肯妥协,所以两国的联盟便解散了。

韩懿侯乘夜率领韩国军队离去,赵成侯看到韩军离开,自觉孤掌难鸣,便也领军撤走了。于是,韩、赵联军不攻自破,魏䓨趁机稳住了局势,迅速展开反击,杀死了魏缓,并自立为君,是为魏惠王。自此,魏国的内乱便成功地被化解了。没过几年,魏国逐渐强大起来,开始向韩、赵两国复仇。

魏国陷入内乱,赵韩联军本来实力强劲,大有胜算,却因为各自的利益出现了分歧,联盟也就不战自破。而原本处于劣势的魏国,恰恰因为敌人内部的矛盾而扭转战局,反败为胜,从而避免了被分割的命运。由此可见,战国时期,诸侯国之间的关系的确是变化莫测,难以捉摸,没有永远的朋友,只有不变的利益!

安邑古城遗址文保碑
位于山西运城,安邑古城原称魏豹城,是战国时期魏文侯所筑,魏迁都大梁后改称安邑古城。

> 前356年—前338年

明日,秦人皆趋令。行之十年,秦民大悦,道不拾遗,山无盗贼,家给人足。民勇于公战,怯于私斗,乡邑大治。

——《史记·商君列传》

商鞅变法

战国争雄,列国之间风起云涌,秦国以一边陲弱国一跃成为战国七雄之首,这与商鞅变法所做出的伟大贡献是分不开的。虽然商鞅最后难逃一死的噩运,但商鞅虽死,秦法未败!

时间
前361年

背景
战国时期铁犁牛耕逐步推广,封建经济得到发展;新兴地主阶级崛起并要求改革,各国纷纷进行变法运动

主导人物
秦孝公、商鞅等

原因
秦孝公立志改革,恢复秦国霸业

结果
变法成功,秦国发展成为战国后期最强大的国家

秦孝公像
秦孝公(前381年—前338年),战国时秦国国君,秦献公之子,在位24年,谥号为孝。秦孝公重用卫鞅(商鞅)实行变法,奖励耕战,并迁都咸阳(今陕西咸阳东北),建立县制行政,开阡陌,在加强中央集权的同时,不断增进农业生产。

舌战群臣

周显王八年(前361年),秦国国君秦献公去世,秦孝公即位。秦孝公是一个有作为的国君,他立志变法图强,以重现春秋时代秦穆公称霸的辉煌。国家富强,人才为先,于是秦孝公便发布求贤令,许诺愿以土地换取天下士人富国强兵,只要是能帮助秦国富强,不管是哪一国人,都封为大官,赏赐土地。如此一来,天下人才便望风而动,纷纷来到秦国出谋划策。商鞅就是其中之一。

商鞅曾在魏国相国公叔痤手下为官,受到公叔痤的格外赏识,公叔痤在病危的时候曾将商鞅举荐给魏惠王,但魏惠王并未任用他。商鞅一想:"既然在魏国并无出头之路,那我何不去秦国碰碰运气呢。"就这样,商鞅

战国

商鞅像

商鞅（前390年—前338年），卫国国君的后裔，姬姓，因在河西之战中立功获封于商，故称之为商鞅。中国战国时代政治家、统帅，法家法派代表人物。早年学习法家、兵家、杂家思想，秦孝公在秦国国内颁布求贤令后由魏入秦，通过变法改革将秦国改造成富裕强大之国，但在变法改革过程中制定了严酷的刑法打击旧贵族、迫害百姓，招致极大的怨恨，商鞅本人也遭到旧贵族势力的报复，最终身亡。

来到了秦国，并通过宦官景监见到了秦孝公。通过三次会面和详谈，秦孝公被商鞅提出的变法打动，便任命他为客卿，承诺愿以举国之力支持变法，但他同时也不禁担忧秦国的那些大臣可能会反对变法，便问商鞅："你看我召集百官前来讨论一下此事如何？"商鞅充满信心地说："臣会说服他们的。"

第二天一早，秦孝公便召集群臣讨论变法事宜。商鞅与以甘龙为首的百官进行了激烈的辩论，甘龙说："倘若变法势必会破坏礼法和传统，恐怕会引起百姓的抵触。"

商鞅道："拘泥于礼法只会落后潮流，只有勇于改革才能占领时代的制高点，秦国要想强大，必须靠变法，墨守成规只会自取灭亡。"经过一番言辞激烈的争辩，甘龙最终被说得哑口无言，百官也被商鞅精彩的言论说服，纷纷同意立法。

秦孝公大喜，立即提升商鞅为左庶长，主持变法事宜，并对文武百官道："从今以后，国家政令皆按照左庶长制定的遵守，若有违抗，定将重罚！"

徙木立信

商鞅在仔细研究秦国法令后，拟

商鞅变法概要

措施	目的及作用
"开阡陌封疆""废井田""民得买卖"，承认土地私有	以法律形式废除井田制度，开垦荒地，肯定土地私有制的合法性
废除"世卿世禄"制度，按军功大小授予爵位	打破世袭贵族的特权，确定等级制度，发展和壮大地主的政治势力
废除分封制、建立县制、编制户口、"什伍连坐"	实行中央集权
"重农抑商"、奖励耕织	发展经济，壮大地主阶级经济力量
"平斗桶、权衡、丈尺"颁布标准度量衡器	方便税收和交换，加强集权制度
"燔诗书而明法令"	在上层建筑领域实行统治阶级的专政

"废井田、开阡陌"画像砖拓片
画像砖内容反映战国时代改革土地制度的历史潮流。

定了一些新的法令条款向秦孝公禀告,在获得秦孝公批准后,他并没有立马推行变法,而是把目光投向了百姓,希望获得他们的信任。

一天,商鞅命人在国都集市的南门外竖起一根三丈高的木头,并派人敲锣打鼓地说:"谁能把这根木头从南门搬到北门,赏金十两!"百姓们议论纷纷,却没有人敢上前行动,不知道官府在耍什么花样。在他们看来,搬一根木头就得十两黄金,岂不是笑话?

商鞅见没有人动,又让人提高价格说:"赏金五十两!"围观的群众还是不相信。但重赏之下,必有勇夫,一个壮汉抱着试试看的心态,径直拨开人群,搬起木头走向了北门。人们都跟过去,想看个究竟,就在他们以为这是个骗局的时候,商鞅立即将五十两金赏给了这个扛木头的人。

人们面面相觑,露出不可置信的表情,商鞅趁机道:"大家都看到了,我商鞅说话算话!从明天起实行新法,如有违反,依法治罪。"此时,大家都觉得商鞅言而有信,开始相信新法。

新法确立

就这样,新法在秦国迅速实行起来。在周显王十三年(前356年)和周显王十九年(前350年),商鞅共进行了两次变法,新法的内容包括:一、废除井田制,"开阡陌封疆",在郊外或者旷野,老百姓可以自由开垦田地,按照田亩数给国家交纳租税;二、奖励军功,官爵按照军功大小确定,凡在战争中斩得敌人一个首级的,赏给爵位一级;三、废除分封,推行县制。将全国分为四十一县,设立县令、县丞等官职;四、推行什伍连坐制。五家为伍,十家为什,相互监督并且实行连坐。一家作奸犯科,别家必须告发,"不告奸者腰斩";五、鼓励小农生产,抑制商业。规定凡一家有两个以上成年男子,必须分家。

变法图强

秦国在经过变法以后,几乎重获新生,举国上下一片蒸蒸日上的繁荣景象。通过变法,秦国经济快速发展,军事实力更是上了一个新台阶。

秦国的耕地面积迅速扩大,赋税收入也连年增加。男子们为了封官加爵都勇敢作战,不再为私利争斗,而是以军功为骄傲。在秦国严酷的法律下,社会安定,路不拾遗,山野没有盗贼,百姓家家富裕。变法仅仅三年,秦国就从落后混乱的局面中解脱出来,变成了一个国富民强、安定太平的国家。

商鞅变法的第六年,秦国和魏国在元里(在今陕西澄城南,秦、魏交界处)交战并取得胜利。周显王十七年(前352年),商鞅率兵包围了魏国的安邑,安邑划入秦国版图。周显王二十九年(前340年),商鞅又率兵打败魏国,俘虏了魏国公子卬。自商鞅变法后,秦国在与诸侯国的战争中就没有失败过。

随着秦国的日渐强大,中原各国纷纷与秦国交好,就连周天子也派使者来秦国封秦孝公为"方伯"。秦孝公为奖励商鞅的功劳,特封他为列侯,并赐给他商於十五城,封号为商君。

车裂之祸

商鞅变法虽给秦国带来了巨大的改变,却也因为刑罚残酷而招致怨声载道。秦孝公去世以后,秦惠文王继立。许多曾经被变法伤害利益的大臣便在秦惠文王面前说商鞅的坏话,诬告商鞅谋反。于是,秦惠文王以谋反罪逮捕了商鞅,并处以车裂极刑。

在秦国纵横半生的商鞅,最后落得一个车裂而死的下场,不由得令人唏嘘。但商鞅死后,他的新法却没有被废除,一直在秦国延续,为秦国统一六国,称霸天下奠定了坚实的基础。

《商子》书影
明万历年间刻本,又称《商君书》,由商鞅的言行和思想及法家后学著作汇编而成,是法家学派的代表作品之一。书中主张依法治国、重农抑商、重战尚武、重刑轻赏,贬斥儒家学说、纵横家及游侠。

前354年

孙子曰:"……君不若引兵疾走大梁,据其街路,冲其方虚,彼必释赵而自救,是我一举解赵之围而收弊于魏也。"

——《史记·孙子吴起列传》

围魏救赵

这是史上非常漂亮的一次"解围"之战,也是孙膑首创的著名战例。围魏而救赵,齐国把握出兵时机,只以较小的兵力消耗,就同时削弱魏军和赵军的实力,名义上又救了赵国,令赵国唯其马首是瞻,可谓名利双收。

时间
前354年

地点
桂陵

起因
魏国伐赵,赵国都城邯郸被围,向齐国求救,齐国出兵

双方指挥者
孙膑;庞涓

著名战法
孙膑指挥齐军不直接与魏军交锋,而直趋魏国都城大梁,逼迫魏军自救

结果
庞涓途中遇伏兵败,赵国之困得解,齐国势力大增

战国中期·阴晋右库戈

庞涓伐赵

战国初期,魏国因为魏文侯的锐意改革而一步步强大了起来,但随后就引起了其他诸侯国的紧张与戒备。魏国强大,诸侯戒备,这意味着魏国有被其他诸侯国联合进攻的可能。为了避免这个可能性,历代魏国国君想方设法摆脱危机。

周显王十五年(前354年),赵国派兵大力进攻卫国,夺取了卫国的两座城池,逼迫卫国不得不入朝赵国。而卫国本是魏国的盟国,这种情形下,魏国也无法容忍。于是,魏国派庞涓率兵大举攻打赵国,魏国军队包围了赵国都城邯郸。

魏国一面围攻邯郸,一面胁迫较为弱小的宋国出兵援助。宋国自知无力违抗魏国的胁迫,但又不想因此被赵国怨恨。纠结之下,宋王只好私下里派使臣前往赵国,解释说明了宋国当下的处境,而赵国也表示理解。在两国商讨后,两国决定,让宋国出兵进入赵国

孙膑古名将，庞涓俱学兵。刖足见齐使，始识田将军。指麾辎车中，号令若风霆。引兵走大梁，遂解邯郸城。救韩示怯战，减灶功乃成。马陵书大木，弩发如流星。跋鳖信千里，刑余安可轻？
——元·胡奎

境内，表面上包围赵国的一座城池，但事实上两国都按兵不动。

在这段时间里，赵国军队同魏军殊死抵抗，但终究有些吃力。于是，在周显王十五年（前354年），赵国派遣使者到齐国向齐王求救。

齐国出兵

齐国国君齐威王接见了赵国使臣，得知赵国被围困，对是否救赵有些犹豫不决。在当时，齐国虽是大国，但从各方面来说还是比不上魏国的。于是，齐威王召集大臣商议。

在众臣中，邹忌极力反对救援赵国，而孙膑等人却提出了另一种建议。孙膑说，若是能够先向南攻打襄陵（今河南睢县），这样魏军必然疲弱不堪。而等到魏军攻破了邯郸以后，再去救援赵国，这样一来，齐国既救援了赵国，又同时削弱了魏国和赵国两国的实力，自然也就增强了齐国的实力。

齐威王听后觉得有理，于是应允了孙膑的建议。齐国为了分散魏军力量，强迫卫国站在反对魏国的一边，另一方面又利用计谋使得宋国站到了齐国和赵国这一战线上。

到了准备出兵的时候，齐国军队分成了两路，一路同宋国与卫国部队会合，共同围攻魏国的一座城池；另一路则是由大将田忌和孙膑率领，前往邯郸救援赵国。一开始，齐威王打算让足智多谋又熟悉庞涓的孙膑担任主将。但孙膑却推辞，他对齐威王说："大王的想

孙庞排阵赌齐魏
《新镌陈眉公先生批评春秋列国志传》插画，明万历四十三年（1615年）姑苏龚绍山刊本。

孙膑像

孙膑（生卒年不详），其本名不传，因其受过膑刑（剔去膝盖骨），故名孙膑。他是孙武的后人，生于齐国阿、鄄之间(今山东阳谷县阿城镇、鄄城县北一带)。战国时期齐国的军师，中国历史上卓越的军事家、军事理论家，著有《孙膑兵法》。

法我明白，但如今我是个双腿残疾的人，战时容易影响士气。再者，庞涓这人十分精明，他又特别了解我，如果主帅是我，那他一定会事事都小心翼翼，反而会对我们不利！"

齐威王听后，更加信任孙膑，方下令任命田忌为主将，孙膑则作为军师，坐在车子里为身在前线的田忌出谋划策。

围魏救赵

在齐国部署行动的时候，魏军的主力已经如愿攻破了赵国的都城邯郸。随后，庞涓又率领着八万魏军前去进攻卫国，而田忌、孙膑同时也率齐军八万到达了齐国和魏国的交界处。当时，心急如焚的田忌想要赶快同魏军主力正面交战，解救赵国。然而，孙膑却极力阻止田忌。他说："魏国这段时间长期攻打赵国，魏国本部的国防肯定十分空虚。这时候齐国不应当硬拼，而应顺势采取声东击西、围魏救赵的战术。在魏国对赵国和卫国虎视眈眈的时候，齐军直接进攻魏国的都城大梁（今河南开封）。这样一来，魏国必然会立马从赵国撤军，赵国也就得救了。"

就这样，在孙膑的建议下，田忌率兵南下，假装要前去攻打魏国的一个军事重镇。得知这样的情形，庞涓果然

战国·漆木勺

2002年湖北九连墩2号墓出土，现藏于湖北省博物馆。日常生活用具之一，此勺用整块木头挖制，内外均髹黑漆。先秦时，壶主要用来盛酒，禁用来承放壶等酒器，勺则用来自壶中挹取酒水，三者组合又可在祭祀活动中充当成套礼器。

如孙膑料想的那样,轻率地认为齐军的主将战法极其笨拙。同时,齐军还派出两路军队吸引了魏军主力,并故意大败。庞涓听闻,更加不把齐军放在眼里。

就这样,孙膑让田忌派出了一队轻装战车,直接向大梁城郊进攻,庞涓得知消息,非常吃惊,不得不返回魏国救援。而另一方面,孙膑又让田忌派出了少数部队假装同庞涓的部队交战,并在作战中故意主动示弱,让庞涓轻率轻敌。

一切都如同孙膑料想的那样,庞涓为解大梁之围,抛下辎重和大部队,只率急行军轻装赶回魏国。正当魏军昼夜兼程、疲惫不堪地赶路时,却遇上了孙膑率领的主力部队在桂陵(今河南长垣西北)设下的埋伏。魏军一到桂陵,就被早已准备好的齐军杀了个措手不及,而慌乱的魏军这时已经是毫无招架之力,一败涂地。

桂陵一战,魏国的实力遭到严重削弱,而齐国只以极小的军事消耗就取得了胜利,声威大震,这就是"围魏救赵"的经典战役。

战国·齐之大刀
刀币最早起源于春秋时期齐国,由刀首、刀身、刀柄和刀环四个部分组成,齐刀币含铜量达到了百分之七十以上,制作精美,是刀币的代表作。此为战国初期齐国的铸币。

田忌赛马

孙膑与庞涓师出同门,都为鬼谷子的弟子。庞涓为魏将后,害怕孙膑抢自己的风头,将孙膑骗到魏国,又诬陷他谋反,害孙膑被处以膑刑(即挖去膝盖骨),孙膑装疯才得以活命。后孙膑被齐国使臣偷偷从魏国带回齐国,齐国的将军田忌同孙膑接触后,非常欣赏孙膑的才华,就用贵客的礼仪招待他。田忌经常与齐王及众公子赛马,但常常输掉比赛。而孙膑发现田忌的马实际比齐王的马差不了多少,就让田忌改变策略,采用下等马对上等马、次等马对下等马、上等马对次等马的方式,通过改变赛马的出场顺序而帮田忌取得了赛马胜利。比赛之后,田忌把孙膑引荐给了齐威王,孙膑也成为齐威王十分赏识的人才。

其实,田忌赛马只是孙膑的牛刀小试而已。田忌赛马虽然是个小故事,但背后蕴藏着大智慧,孙膑在后来用相同的道理打败了庞涓。正所谓知己知彼,才能百战不殆。

> 前341年

涓果夜至斫木下,见白书,乃钻火烛之。读其书未毕,齐军万弩俱发,魏军大乱相失。庞涓自知智穷兵败,乃自刭,曰:"遂成竖子之名!"

——《史记·孙子吴起列传》

马陵之战

俗话说"吃一堑,长一智",但骄傲自负的庞涓显然没有在桂陵之战中吸取教训,因此在孙膑给他挖的同一个"坑"里栽了大跟头。这一次,他没有像上次那么幸运,不仅自己丢了身家性命,也连累魏国失去大国地位。

时间
前341年

地点
马陵

参战国
齐、魏、韩

双方指挥官
齐:田忌、孙膑;
魏:庞涓、太子申

双方兵力
齐:12万
魏:10万

结局
魏国一蹶不振,齐国则称霸中原

经桂陵一战之后,魏国虽是元气大伤,但根基深厚,未动国本,所以仍有很强的实力,在各个诸侯国之中仍旧保持着霸主的地位。经过几年休整之后,野心勃勃的魏国又开始对其他诸侯国用兵。周显王二十八年(前341年),魏国发兵攻打韩国,走投无路的韩国向同盟国齐国求救。齐国遂答应韩国,准备出兵救援。

韩军得知齐国援军将到,人心振奋,更是竭尽全力地抵抗魏军的进攻。韩国与魏国共交战了五次,虽然五次韩国都战败了,没能顺利打退魏国军队,但也让魏国军队受到了相当大的损失,削弱了其军事实力。

两军又对峙苦战数日,韩国审视了自身的情况,兵力、粮草等几乎消耗殆尽,实在支撑不下去了,只好再一次派出使臣前往齐国,催促齐国赶快出兵援助。齐威

战国·银马

马陵道怀古

马陵月黑山无路,火照白昼看大树。
伏骑争驰万弩开,昔日庞涓死此处。
竖子成名一代雄,减灶七万垂奇功。
谁言捭阖效鬼谷,十三篇本传家风。
当年共学交何笃,膑也虽贤涓也毒。
远召旋将黥刖施,智不如蔡难卫足。
忽逢齐使窃载归,上中下驷参兵机。
膑车坐计胜已决,强齐乃藉刑余威。
君不见张陈刎颈原相倚,解印封王还切齿。
假头已见购常山,怒魄空怜堕坻水。
石契兰交起战争,古来恩怨系功名。
输他鸥鹭忘机甚,汀月溪风共主盟。

——清·程晋芳

王原本就是在等待一个合适的时机,现在看到魏国和韩国都已经疲惫不堪,正是出兵的最佳良机,于是立马任命田忌作为主将、田婴为副将,率领齐军一路奔袭,来到魏国边境。而孙膑仍然在齐国军队中担任军师,并让田忌指挥齐军再次采取"围魏救赵"的策略,这次围魏而救韩。

魏军眼见胜利在望,却又遭遇齐军前来从中作梗,自然十分生气,遂将兵锋直指齐军,想趁此机会好好教训一下齐国,以免齐国三番五次地扰乱魏国战术。因此,魏惠王等到攻韩的魏军不得不撤回后,就立即下令,命令太子申为上将军、庞涓为将,向齐军进发,准备与齐军来一场恶战。

此时,齐军已经进入了魏国境内,魏军则跟着齐军尾随而来。孙膑不断地揣摩当时的局势,发现魏国士兵普遍蔑视齐军,他又认真研究了当时的地形,做出了减灶诱敌、设伏聚歼的作战策略。

孙膑偷偷下令,让齐军悄悄地减少灶锅的数量,故意透露给魏军知道。庞涓得知后,认为在魏军的追击下,齐军的士兵已经大批逃亡,连灶锅都减少不少,想必是军力大减。

孙膑成功诱敌,大军来到马陵(今多指山东莘县)后,他又利用马陵的复杂地形准备伏击魏军。孙膑挑选了

战国魏·共屯赤金圜钱

圆形圆孔,无周郭,正面铸有"共屯赤金"四字,背面平坦无文。"共"为地名,在今河南辉县西,"屯"通作"纯","赤金"指铜,意即共邑铸造的纯铜货币。共屯赤金铸行于魏国,流通于魏国、赵国、韩国、西周国和东周国等地区,是一种极为罕见的古钱。

齐军中最擅长射箭的1万名弓箭手埋伏在道路的两侧，约定在夜里以火光为信号，一齐放箭。同时，为了给庞涓造成心理压力，孙膑还让人把路旁一棵大树的皮剥掉，在上面写上了"庞涓死于此树之下"的悚人字样。

庞涓率领魏军追击了齐军三天，看到齐军退却不前，避免交战，而又天天减灶，武断地认定齐军已经斗志涣散，士兵四处逃亡，军队数量剩下了原来的一半不止。于是，庞涓命令部队丢下步兵和辎重，只带着一部分轻装精锐骑兵，日夜不停地追赶齐军到了马陵。

在马陵，庞涓看见剥皮的树干上写着字，但夜晚视线模糊，看不清楚，就叫人点起火把照明。庞涓看到"庞涓死于此树之下"的字样后，大惊失色，方知自己中了齐军的计谋。还未等他发号施令，就只见齐军万弩齐发，魏军大乱。随后，大量的齐军从马陵两边的山头蜂拥而出，杀败魏军。庞涓自知兵败，无力回天，不得不拔剑自刎。随后，孙膑又指挥军队迎战魏军主力，俘获了魏太子申，获得大胜。

就这样，孙膑凭借自己的聪明才智获得了马陵之战的胜利，齐军更是满载着战利品，浩浩荡荡地凯旋。而经马陵一战，魏国的军事实力被严重削弱，丧失了与齐秦争霸的能力，齐国则跃居数一数二的大国地位。

战国·夔纹柄青铜剑
春秋以后，青铜剑不但作为重要的武器之一，也是重要的礼器。见面时，如果强行要求对方解剑，就代表了一种侮辱。因此不但贵族大量佩剑，平民也会有自己的青铜器。但像这件在剑柄上装饰夔纹的青铜剑，无异于贵族所持有。此剑现藏于美国纽约大都会艺术博物馆。

前334年

昔齐威王尝为仁义矣，率天下诸侯而朝周。周贫且微，诸侯莫朝，而齐独朝之。

——《战国策·赵三》

徐州相王

齐国与魏国通过实力角逐，国君互相称王，事实上等于否定了周天子独尊共主的地位。这样一来，周天子在实力上与名号上都与诸侯无异。而春秋时期建立在"挟天子以令诸侯"基础上的霸主政治策略，也就随着这样的改变而消失了。

事件名称
徐州相王

时间
前334年

地点
徐州（今山东滕县东南）

事件过程
魏惠王、齐威王在徐州互相承认对方为王

参与国家
齐国、魏国

意义
之后其他各诸侯国国君相继称王，周王室衰微，实际与诸侯无异

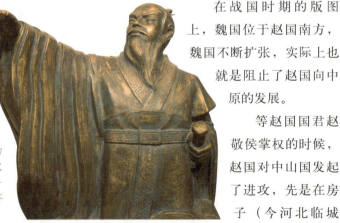

齐威王塑像
现藏于山东淄博临淄齐国历史博物馆。齐威王（前378年—前320年），妫姓，田氏，齐桓公（与春秋五霸之首的齐桓公非同一人）田午之子，战国时期齐国（田齐）第四代国君。

齐赵崛起

齐国在齐威王在位的时候，政治上任用学识渊博、擅长进谏的邹忌为相，大力实行政治改革；而军事上则知人善任，任用田忌、孙膑等为将帅，使齐国实力大增。

在这之前，三晋中的赵国不得不依附着强大的魏国而生存。魏文侯在位时期，三晋团结而平安无事，其他诸侯国也不敢随意侵犯三晋。然而到了魏惠王执政的时候，魏军经常攻打韩、赵两国及附近的其他国家，赵国对此十分气恼，又颇为无奈。

在战国时期的版图上，魏国位于赵国南方，魏国不断扩张，实际上也就是阻止了赵国向中原的发展。

等赵国国君赵敬侯掌权的时候，赵国对中山国发起了进攻，先是在房子（今河北临城

北）对战，后来又在中人（今河北唐县西）作战，不断扩张版图。魏武侯去世后，赵国与韩国联合出兵，想方设法削弱魏国的势力。于是乎，齐国与赵国相继崛起，而野心勃勃的魏国霸业则遇到了齐、赵两国的阻挠。

魏国衰落

实际上，在魏武侯的时候，魏国已经开始慢慢走下坡路。尽管魏惠王即位后，想要极力摆脱现状、励精图治，但无奈他并不懂得知人善任，魏国大量人才流失到他国。就这样，在刚愎自用、穷兵黩武的魏惠王统治下，魏国一天天走向衰落。

周显王十二年（前357年），赵国想要同统一战线的齐国建交，对战魏国，因此派遣赵孟前往齐国商定会盟的事宜。第二年，赵成侯就与齐威王在平陆（今山西运城境内）相会。魏国看到这样的情形，内心十分不满，于是打算用武力来打击赵国。因而，周显王十五年（前354年），魏国派遣大军围攻了赵国的邯郸，并在苦战下攻下了邯郸。就是在这个时候，赵国连忙派人前往齐国求救。而齐国坐收渔翁之利，迟迟不肯出兵，一直等到魏国攻下邯郸之后，才出兵。这时候的魏国同赵国大战后早已经是疲困不已，因而齐军趁机在桂陵（今河南长垣西北）大败魏军。

虽然如此，但这场战争并没有损失魏国的主力军队，赵国的都城邯

赵魏夺中山
出自《新镌陈眉公先生批评春秋列国志传》插画。

郸也仍然在魏国的手里，赵国仍处于危机之中。桂陵之战之后，魏国不得已把邯郸归还给了赵国，而赵成侯也无奈与魏惠王结盟。在这样的情势下，赵国参加了魏国发起的"逢泽之会"，互为同盟。

然而，逢泽之会后，魏国又开始攻打韩国，弱小的韩国向齐国求救，因而催生了著名的马陵之战。在这场大战中，魏国大将庞涓战死，太子申被俘，而魏国军队更有10万大军被歼灭。在马陵之战的重大打击下，魏国国力大大下降，实力也不断下滑，彻底失去争霸的资格。

徐州相王

马陵之战后,齐国、秦国、赵国三个国家联合起来,乘着魏国国力衰弱的时候从东、西、北三个方向对魏国发动了进攻。

周显王四十六年(前323年),楚国趁机北上讨伐魏国。楚国大将在襄陵(今河南睢县)打败了魏军,一次就夺去了魏国的八座城邑。

遭遇这一系列的失败,魏惠王感觉自己遭受了奇耻大辱。然而,他虽时常抱怨,却没有学会反思。他没有认识到正是因为自己的野心,连年征战,才断送了魏国的大好前景。

魏国国力大损的同时,齐国国力日盛,慢慢取代了魏国政治领袖的地位。然而,齐国虽然国力强盛,却不能使诸侯应周天子安排称齐为王。一是因为齐国的霸业还没有达到此前魏国的声势;二是随着周天子地位的衰弱,诸侯国也不将周天子放在最重要的位置了。

在这种情形下,齐国想要得到名义上的尊称,便想办法与秦国在东、西方对魏国进行夹击,逼迫魏惠王采纳了相国惠施的建议。因此,在周显王三十五年(前334年),魏惠王前往徐州(今山东滕县南)朝见齐威王,正式尊称齐威王为王。同时,齐国也尊称魏惠王为王。而这件事情,就是战国时期历史上著名的魏、齐"徐州相王"事件。

这是战国时期诸侯国第一次称王,以及两国互相承认为王的案例。虽然楚、吴、越等国家在春秋时期就开始自立为王,但对当时整个社会来说,并没有太大的影响力。而到了战国时期,诸侯国们正式打出"王"号,与周王室并立,都在"徐州相王"之后。因而,"徐州相王"事件在战国时期具有划时代的意义。

战国楚·金版和铜钱牌

楚国是战国时的强国之一,经济比较发达,货币有蚁鼻钱、布币、金版和铜钱牌等。楚国盛产黄金,因此用黄金铸成扁平形金版很常见。铜钱牌是楚国用来与金版互为兑换的地方性货币,整体呈长方版形,通体铸有卷云纹,以云雷纹衬底。铜钱牌正背两面的四周都有郭,正面中央有两个同心的圆形突棱,突棱间有右旋读的"见金一朱""见金二朱"或"见金四朱"的四字篆体钱文。

战国·狩猎纹壶

圆体，小口，细高颈，球形腹，高圈足。壶身满饰鸟衔蛇、肩部带翅膀的神人、人兽相搏、勾连云雷纹，纹饰清晰，充满了质朴的情趣。狩猎纹壶是战国时代华丽圆壶的代表。此壶现藏于中国台北"故宫博物院"。

前334年—前333年

当此之时，天下之大，万民之众，王侯之威，谋臣之权，皆欲决于苏秦之策。

——《战国策·秦策一》

苏秦合纵联六国

秦国称雄，各诸侯国间相互攻伐，于是催生出一批舌灿莲花、游说诸侯的纵横家，搅动着波诡云谲的战国时局。苏秦，为其中最杰出的代表之一，他从穷困潦倒到佩六国相印，可谓扬眉吐气，风光一时无两。

主角
苏秦

身份
纵横家

官职
燕、赵、韩、魏、楚、齐六国之相

第一轮游说
对象为周王室和秦国，失败

第二轮游说
对象为燕、赵、韩、魏、楚、齐六国，成功佩六国相印，让六国结为合纵联盟，共抗强秦

意义
六国抗秦，使秦十几年不敢出函谷关，为战国带来一段和平时期

秦惠文王
秦惠文王（前356—前311年），嬴姓，赵氏，名驷，秦孝公之子，战国时期秦国国君，前337—前311年在位。当政期间北扫义渠，西平巴蜀，东出函谷，南下商於，为秦统一中国打下坚实基础。

苏秦离秦

苏秦（？—前284年），字季子，洛阳人，师承鬼谷子，学习了纵横家的学问。苏秦学成后，回到洛阳求见周显王，然而大臣们得知苏秦的平民出身后，对苏秦的才能十分怀疑，就不肯轻易推荐他。苏秦足足等了一年有余，也没能等到周显王的赏识与任用。万般无奈之下，苏秦只好回家，变卖了家产充当路费，打算只身周游列国，寻找能够让他一展抱负的地方。正在这时候，秦国秦孝公去世，新君秦惠文王即位，于是苏秦马不停蹄地赶到了秦国。

到达秦国后，苏秦对秦惠文王说："秦国四面险要，群山绿水环绕，这是上天恩赐的有利地形。加上大王如此贤明，秦国将士勇猛，一定可以在这时候顺利吞并诸侯、一统中原。"

然而，当时的秦惠文王刚刚即位，因与商鞅有旧仇而处死了商鞅，心里一直对前来秦国游说的宾客没有好感，于是推辞了苏秦的主张："我曾经听说，当鸟儿的羽毛尚未生长丰满的时候是绝对无法高飞的。秦国大政方针尚未确定，暂时还没有心思去谈论兼并其他诸侯国。"

苏秦听罢，无可奈何，只好回头把攻战天下的方法编汇成书册献给了秦惠文王。然而，秦惠文王看后，经过一番思索，仍旧不打算采纳他的主张，对待苏秦的态度也十分冷淡。不得已之下，苏秦只好去拜见了秦国相国公孙衍。没想到，公孙衍认为苏秦极富才华，对他嫉妒不已，也就没有向秦王举荐苏秦。就这样，苏秦在秦国逗留了整整一年，直到自己钱财都用尽了也没能找到出路。苏秦的生活渐渐陷入了困境，他心知在秦国无法施展才能，只好变卖身侧家当离开秦国，回到老家。

刺股苦读

苏秦回到老家后，家人见苏秦穷困潦倒、狼狈不堪地回来，都用嫌恶

现代·谢长明·苏秦刺股苦读图

苏秦六国封相，衣锦荣归

苏秦游说六国合纵成功后，从楚国前往赵国，向赵王复命。这时候的排场十分豪华，甚至比得上帝王。他路过洛阳时，周显王得知后也为苏秦清扫道路，甚至还派人去往郊外犒劳苏秦。

苏秦到了自己家门口，曾经蔑视过苏秦的家人都匍匐在地，不敢仰视苏秦。苏秦看到这样的场景，不由得感慨万千："同样的人，富贵的时候亲戚都敬畏；而贫贱的时候，连父母都会轻视他。"苏秦叹了一口气，拿出赏金千万，赏赐给了亲戚和朋友。

战国·玉透雕蟠螭纹璧
直径10.9厘米，体形扁圆，镂雕而成。此环制作工艺难度较大，雕镂琢磨极精致，堪称战国玉器一绝。

的态度对待他。妻子正坐在织布机前织布，连头都没有抬。他向做饭的嫂子要吃的，嫂子也不给他，连他的父母都不愿意搭理他。大家讥笑他说："周国人的习俗是治理产业，努力从事工商，追求盈利。而你丢掉老本行去干耍嘴皮子的事，不该落得这样穷困潦倒吗？"

苏秦听了，惭愧、悲伤不已，感叹道："读书人从师受教，埋首苦读，又不能凭此获得荣华富贵，又有什么用呢？"于是下定决心刻苦读书，让所有人刮目相看。他拿出自己的所有藏书，都读了一遍，又找到一本《太公阴符》，认真研读。苏秦天天泡在书房里，读书十分刻苦，有时候连夜看书，看到眼皮都粘到一起，怎么都睁不开。苏秦深感身体不争气，于是就拿起锥子，在自己的大腿上狠狠刺了一下，血都流了出来，顺着大腿一直流到了脚跟。这一下果然又有了精神，眼皮也能睁开了，他没有理会身体的疼痛，又聚精会神地接着埋头苦读下去。

苏秦就这样刺股苦读，熟读兵法，揣摩出一套约纵连横之术。他甚至记熟了各个诸侯国的地形、政治和军事等方面的具体情况，研究了每个诸侯的心理与性情，在漫漫苦读中领悟到了许多诀窍，也渐渐开始明白如何揣摩君主的心思。这下，苏秦有了底气，他想，凭他现在的才学，游说各国君主都不成问题了。

后来，苏秦从他的弟弟那儿得到一笔资助，便信心满满地前往各个诸侯国进行游说了。

游说六国

苏秦渡过易水，来到燕国，在燕国停留了一年后，有人把苏秦引荐给燕文侯。苏秦慷慨激昂，讲述了自己有关强国富民、对抗强秦的主张。燕文侯听后大为震撼，决定支持苏秦的"合纵"策略。当时，秦国已为战国七雄之首，对其他诸侯国虎视眈眈。所谓"合纵"，就是其他六国诸侯实行纵向联合，共同对抗强大的秦国。燕文侯赞助苏秦各种物资，让他前去劝说赵国国君。很快，苏秦就说服了赵肃侯同意合纵。而赵肃侯又给了他大量财力、物力上的资助，让他前去游说其他诸侯国加盟"合纵"。

随后，苏秦到了韩国，游说韩宣王。苏秦分析韩国各方面利弊，又讨论了秦国对韩国的威胁。韩宣王听完，脸色大变，决心不再侍奉秦国，于是也答应了"合纵"。

其后，苏秦又分别去往魏国、齐国和楚国，说服了三国国君，让他们都同意了"合纵"的主张，决心团结起来共同抗击秦国。

就这样，苏秦在六国中逐个游说后，六国达成了合纵的联盟。前333年，楚、齐、魏三个已经封王的诸侯国和赵、燕、韩三个尚未封王的诸侯国决心联盟，于是一概称王，互相之间结为了兄弟国家，签订了"合纵"盟约。同时，六国商议后决定封苏秦为六国合纵的"纵约长"，并给他挂上了六国相印。

在苏秦的努力之下，六国合纵，苏秦把合纵盟约送交到了秦国，让秦

杨柳青年画《六国封相》
图为身佩六国相印的苏秦荣归故里时，全家出门恭迎的场景，各国大夫捧着礼物在后面跟随，其身份之高贵、家人态度之慎顺，全都表现得非常到位。画面人物繁多，背景丰富，构图饱满。

王知道这一消息，从此不敢轻易攻打其他诸侯国。正是因为这合纵盟约，为战国时期带来了久违的持续了15年之久的和平时期。

为了破坏合纵联盟，秦国派使臣犀首设计让齐国和魏国联合攻打赵国。大军一发动，赵王就把苏秦找来问责。苏秦害怕被赵王杀害，便请求出使燕国，并发誓一定报复齐国。苏秦离开赵国以后，合纵盟约便瓦解了。

合纵简介

分类	内容
性质	东周时的一种外交及军事策略
含义	南北纵向诸个国家合作，抵御西边秦国的东扩
战略	从最初的联合抗秦发展为合作攻秦灭秦
主要战事	第一次为公孙衍倡导、楚怀王主盟的楚、魏、韩、赵、燕五国攻秦之战（前318年） 第二次为孟尝君倡导、齐湣王主盟的齐、魏、韩三国攻秦之战（前296年） 第三次为信陵君倡导的魏、赵、楚、韩、燕五国攻秦之战（前247年） 第四次是赵国将军庞煖倡导的赵、楚、燕、魏四国攻秦之战（前241年）
失败原因	各国之间互不信任

> 前366年—前330年

魏之武卒不可以直秦之锐士。

——《荀子》

河西争夺战

在河西之战中，秦国锐士的风头大大压过魏国的武卒，这实际上也是两国国力的对比。秦国经历了商鞅变法，大大提高了军队战斗力，因而在河西争夺战中，屡败魏军，最终收复河西之地。

时间
前366年—前330年

地点
河西（今山西、陕西两省间黄河南段以西地区）

参战方
魏国、秦国

双方指挥官
魏：吴起、龙贾；
秦：秦献公、犀首

结果
魏先胜后败，秦先败后胜

战国·秦虎符
陕西西安出土，为战国时秦国将领所执之物。虎符为古代军事活动信物，国君执右将领持左，左右虎符合并验证方可调兵。

周安王十八年（前384年），秦献公刚刚即位，为了稳固朝局，决心收复河西失地，为东进中原做好准备。当时，秦献公为了扩大秦国兵源，制定了一系列政策，而首先就是制定军事制度。他下令将农民按照军事组织的形式，设置成军事与政治二合一的县级组织，方便随时征集兵员。此外，秦国为了与强大的魏国对战，还将国都从远在关中西部的雍(今陕西凤翔)东迁到了栎阳(今陕西临潼东北)。

在韩国与魏国国君于宅阳会盟的时候，秦军按捺不住，开始进攻魏国。魏国向韩国求助，组成了韩魏联军，而秦国军力势不可当，在洛阴(今陕西大荔南)击败了前来支援的魏韩联军。秦献公又亲自率领着秦军主力向魏国河东的中心地区大举进攻，经过殊死拼搏，秦军一路猛进，在石门(今山西运城西南)消灭了6万名骁勇的魏军，大获全胜。魏国仍为当时的强国，所以它的惨败着实震动了各诸侯国。周显王甚至也祝贺秦献公，"献公称伯"，秦国就这样正式踏入战国七雄的行列。

秦献公去世后，秦孝公执政，下令向各国招募人才。

当时还身为魏相家臣、不得重用的商鞅，在看到秦孝公招揽人才的消息后，下定决心离开魏国，转而投奔秦国。

商鞅来到秦国后，辅佐秦孝公进行变法改革。在秦孝公的支持下，商鞅以严刑峻法来保证重农和重战等政策的执行。在军事方面，他主张实行军功授爵制，同时还定下了临阵有罪重罚的规定，一步步把秦国的全国军民都纳入了战争轨道。

周显王十四年（前355年），魏国在大梁以西修筑了防御的长城。而当魏军在与赵国和齐国激烈作战时，秦军则趁机突然进攻魏国西长城的重要据点元里（今陕西澄城东南），当下就杀死了魏国守军7000人。后来，魏军在桂陵之战中大败给齐军，实力大大折损，秦军又趁机进攻，包围了魏国的旧都城安邑，逼得魏国不得不投降。

随后，秦国指派商鞅率领秦军围困住固阳（约在今河南陕县境内），疲弱无力的魏国守军再一次投降。这一系列变故之后，魏惠王感到十分不安，立即派遣军队在固阳东修建了崤山长城（东南起崤山，西北至黄河），目的就是阻止秦军肆无忌惮地东进，尽力保障河东地区与大梁的联系。

正是在这个时候，秦孝公下令，将国都迁移到了交通更为便利的咸阳，下定决心与魏国决战。随后，商鞅出使魏国，逼迫魏惠王称王，目的就是为了以此来离间魏国与齐、楚等大国的关系。

魏惠王不得不照做，而看到魏国称王后，齐国与楚国果然大怒，其他诸侯国也不服气。就这样在秦国的挑拨离间下，魏国彻底陷入了孤立无援的境地。周显王二十八年（前341年），发生了历史上著名的马陵之战，魏国10万大军被齐国军队全部歼灭。魏国已是衰弱无比，而这时秦国又趁机进攻河西，诱俘了魏国的主将公子卬，给了魏国致命一击。

此后，秦国陆续派遣军队进攻魏国，魏军奋力抗战，但都以失败告终。魏国已经是奄奄一息，不得不提出求和，因而黄河以西全部都划归到了秦国的版图。这时候，秦国已经完全占据黄河天险，控制了向东边进入中原的要道，可以说是进可攻、退可守。如此一来，秦国在军事交通等战略上处于一个极为有利的地位，这也奠定了此后秦军大步进军中原的强有力的基础。

战国·青铜剑
它是古代贵族与战士佩带的用以格斗击刺的兵器。这件青铜剑，锋利刃薄、光泽无锈，锋利如初。造型古朴端秀，剑身脊长与两刃保持平行，至锋处尖削，厚格呈倒四字形，圆茎有两箍。

前323年

齐谓赵、魏曰:"寡人羞与中山并为王,愿与大国伐之,以废其王。"

——《战国策·中山》

五国相王

"王号"之称象征着权力与地位,对各诸侯国国君而言都极具诱惑,于是魏惠王以互相称王为筹码,联合韩、赵、燕、中山四国,结为同盟,共抗强大的齐国与秦国。五国相王,既是魏国外交上的一大胜利,也标志着周王室天子权威的彻底丧失。

时间
前323年

事件
主要诸侯国互相承认对方君主王位

参与国家
魏、赵、韩、燕、中山

阻挠者
齐国

事件影响
标志着周朝天子权威的彻底消失

周显王三十五年(前334年),魏惠王和齐威王在徐州会盟,互相称对方为王。此后,各大小诸侯国都对王号之称心向往之,蠢蠢欲动。

魏国虽然称王,但实力持续衰弱,天下由强大的齐与秦分庭抗礼。魏惠王忧虑不已,为了抵抗秦国和齐国,避免被打压,他决定争取拉拢韩国。

周显王四十四年(前325年),魏惠王前往巫沙(韩地,在今河南荥阳北),尊称韩君威侯为王,韩威侯就此更名为韩宣王。同年,秦惠文王也自称为王。而赵国的赵武灵王刚刚正式即位,魏惠王为了表示友好,亲自带着太子嗣前往赵国祝贺,韩宣王也带着太子仓来到赵国,三国君主会面,这样做的目的自然是结成三晋同盟。

在战国七雄中,韩国国力较弱,因此,尽管魏国拉拢了韩国,但实际上并没有在对抗齐国、楚国、秦国等大国时提升自己的地位。周显王四十六

战国·黑陶鸟柱盘
盘圆形折沿,平底,中立一柱,柱首上雕一展翅欲飞的鸟,鸟尖喙、巨目,有可能为传说中的鸠。

战国

战国·玉质中山妇女像
中山地区妇女的发型梳成牛羊角形，具有浓郁的游牧民族风格。

年（前323年），秦国在张仪连横战略的安排下，与齐国、楚国的大臣在啮桑（今江苏沛县东南）相会结盟，想要就此联络两大国，共同向魏国进攻。魏国大将公孙衍（曾在秦国为大良造）看到这样的情势，心知这是魏国的危机，于是立马建议魏王同其他诸侯国进行联盟。魏惠王觉得公孙衍的主张有道理，就采纳这个建议，派遣使者前往韩、赵、燕、中山几个国家，约定五国共同称王，史称"五国相王"。

此前，魏国与韩国已经先后称王，而这次集会，实际上也就是对赵、燕、中山三个国家新尊为王。从外交角度来说，"五国相王"是魏国凭借结盟寻求自强的一大胜利。然而，这样的结果却让齐国十分担心，齐王害怕魏国的联盟势力会威胁到自身，于是借口中山国太小，反对中山国称王。齐王甚至还说自己以同中山国共称王为耻，愿割地联合燕、赵两国，共同讨伐中山国。听到这个消息的中山王十分恐惧，连忙派遣大臣张登前往齐国。张登带着重金拜见齐国权臣田婴，说愿意与齐国会盟。田婴见中山国放低了姿态，遂答应与中山国会盟。

随后，张登又前往赵国，对赵王说："齐国此前还说以同中山一起称王为耻，现在却又转换了态度，说是愿意与我中山结盟，利用中山国的军队来配合攻打魏国的河东地区。齐国为了自己的利益，出尔反尔，说要割地给燕、赵，也不过是说说罢了。"各诸侯国听到这样的说法后，觉得齐国反复无常，于是都明里暗里支持中山国称王。

齐国的计划破产，中山国这样一个二流小国，也顺利称王，周王室的权威已彻底消失。

战国·玉双龙佩
湖北随县曾侯乙墓出土，现藏于湖北省博物馆。两龙相对，身呈W形，龙首微颔，张口，上唇长且卷曲，龙足上翘，龙尾分叉。通体饰卧蚕纹，局部有网格纹。

前323年

战无不胜而不知止者，身且死，爵且后归，犹为蛇足也。

——《战国策·齐策二》

策士陈轸巧退楚军

想要战胜千军万马，并不是只能依靠武力。谋士陈轸，凭借自己的三寸之舌，巧妙地引出画蛇添足的故事，最终不费一兵一卒，便使楚国大将昭阳退了兵。这可谓口才外交上的一大胜利。

主角
陈轸

国籍
齐国

职业
纵横家

情势
楚国大军压境，齐国面临危局

游说对象
楚国大将昭阳

结果
成功劝说昭阳退兵

相关成语
画蛇添足

陈轸像
陈轸，战国齐国临淄（今山东临淄）人，纵横家。曾游说入秦国，受秦惠文王礼待，与张仪争宠。张仪任相后，他至楚国担任令尹。最后陈轸改去齐国发展，齐宣王以迎接鲁侯的规格迎接陈轸。

周显王三十五年（前334年），楚国将领昭阳领楚王命令，率领军队前去攻打越国，成功占领越地，将越国一带并入楚国的版图。

周显王四十六年（前323年），昭阳又率兵攻打魏国，一举占领了魏国包括襄陵（今河南睢县）在内的八座城池。随后，他趁着大好的势头，准备前去攻打齐国。齐王自知无力与之抗衡，遂派纵横家陈轸出使楚军大营，前去拜见昭阳。

陈轸原游说入秦，因与张仪争宠失败而至楚，曾因功被楚怀王封为颍川侯。楚国势衰后，改去齐国发展，齐宣王以迎接鲁侯的规格接纳了他。

陈轸此行的意图很明显，无非就是希望能够说服楚国退兵。然而，当时的楚国已经是胜利在望，想要在这个时候让楚国昭阳将军退兵，必定是一件非常困难的事情。

陈轸来到楚军的军营中，谦卑地拜见了昭阳将军，甚至还向他行礼，祝贺楚国接连取得大胜。昭阳神色缓和，陈轸又问道："将军，如果按照楚国的制度，您顺利消灭了敌人的军队，还杀死了敌方将领，那楚国会封给您怎样的官爵呢？"

昭阳回答说："如果是这样的话，那我的官职最高可以到上柱国，而所封的爵位最高为上执（爵位名）。"

陈轸又问："那除了这些，楚国还有比这个更高的职位吗？"

昭阳将军毫不避讳地说："那就只有令尹（在楚国相当于宰相）了。"

陈轸笑着说："这样看来，那令尹的确是最好的职位。但是，将军您也清楚，楚王是不可能设立两个令尹的。如果您不介意，就让我来给您讲述一个故事吧——相传楚国曾有一个贵族，那天贵族家里祭祀祖先完毕后，为了奖赏辛苦工作的下人，就赏赐给他们一坛酒。下人们拿到这一坛酒后，其中一个人说：'酒只有这么一坛，几个人一起喝必定是喝不过瘾的。不如这样，我们同时在地上开始画蛇，谁先画好就让谁来独享这一坛酒。'大家都同意了。其中一个人手脚伶俐，很快就画好了，他拿过酒坛准备喝时，见周围的人都没有画好，于是就想卖弄一下，便左手拿着酒坛，右手拿着画笔，要给蛇添上四只脚。还没有添完，另一个人也把蛇画好了，一把抢过酒坛子，笑哈哈地说：'蛇本来是没有脚的，你随意给它添上脚，那画的就不算是蛇了！'说完，他昂起头，把酒给喝了。而那个画蛇添足的人，却只能目瞪口呆，最后一口酒都没喝上。"

昭阳听到这里，眉头紧锁，沉默不语。陈轸见时机成熟，便说："将军，如今您为楚国攻打魏国，一路高歌猛进，打败了魏国军队，杀死了魏国将军，而后又准备攻打齐国。但是，您也知道，您的名声在攻打魏国以后就已经足够大了，您已经成为上柱国的人才。可即便您再来攻打齐国，您的官职也得不到再次加封。就像画蛇添足的那个人，战无不胜虽好，但却不知道适可而止，那最后的结果就只能是损兵折将，甚至可能爵位也封不上了，身败名裂都有可能。"昭阳听完陈轸的一席话后，觉得很有道理，终于下令解除了对齐国的包围，撤军离开了齐国。

就这样，陈轸凭借着自己的巧舌阻止了楚军来犯，拯救了陷于危局中的齐国。

战国·铜编钟

地下乐宫曾侯乙墓

1978年春夏之交，随着一座国宝级大型编钟的出土，在地下沉睡了2500余年的战国曾国国君乙的墓葬走进了世人的视线。曾国是周室姬姓诸侯国，战国时亡于楚。在这座拥有东、中、西、北四个墓室的地下音乐宫殿，不但发现了迄今为止中国古代最庞大的乐器，还出土了一套完整的编磬、琴、瑟、笙、排箫、篪、建鼓等大量乐器，其中有几件是首次发现的早已失传的乐器，为中国古代音乐史的研究提供了非常珍贵的实物资料。诸多关于先秦乐理的难解之谜，都在曾侯乙编钟铭文中找到了答案，这些铭文和编钟的音响相互印证，彻底改变了人们对中国先秦乐律学的认识。

除此之外，墓中还出土了大量精美的青铜礼器、兵器、金器、玉器、车马器、漆器、竹简等文物，其造型之奇特、工艺之精湛，都是前所未见的珍品。

▼ 曾侯乙编钟

编钟的钟架由长短不同的两面木架垂直相交组成，分上、中、下三层，中有7根彩绘木梁，两端以蟠龙纹铜套加固。以6个铜铸佩剑武士和8根圆柱承托。钟架及挂钩有246个，上层3组为钮钟；中层3组为甬钟，分短枚、无枚、长枚三式；下层两组为大型长枚甬钟12件，另有镈钟1件。目前是中国出土的最大的青铜编钟。

战 国

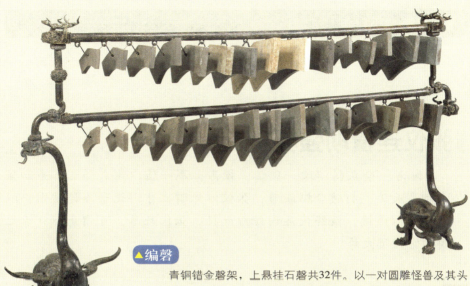

▲ 编磬

青铜错金磬架，上悬挂石磬共32件。以一对圆雕怪兽及其头上插附的立柱为虡，两根圆杆作横梁。兽顶插附的立柱从腰、顶两处与横梁榫接。横梁底等距焊铸铜环，以串钩挂磬。磬上刻有（其中有少量为墨书）编号和乐律铭文，计708字；其音域跨三个八度，十二半音齐备。音色清脆，独具特色。

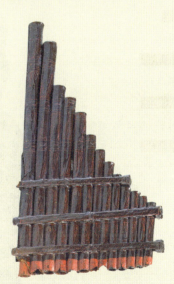

▲ 排箫

竹质，由13根长短不同的细竹管组合，用三道剖开的细竹管缠缚而成，饰有黑底红色三角回纹的漆绘。形状独特，如凤凰一翼。

前317年—前311年

秦地半天下，兵敌四国，被山带河，四塞以为固。虎贲之士百余万，车千乘，骑万匹，粟如丘山。

——《战国策·楚一》

张仪连横助强秦

纵者，合众弱以攻一强也；横者，事一强以攻众弱也！为助强秦称霸天下，打破合纵联盟，张仪以雄辩之才游说于各诸侯国，以利诱，以威慑，最终使各国纷纷就犯。张仪此举，可谓是以口舌之辩而定天下大势！

主角
张仪

出身
魏国贵族后裔

师父
鬼谷子

所属学派
纵横派

历史地位
政治家、外交家、谋略家

主要成就
两为秦相，首创连横之术破合纵之策

张仪
张仪（？—前309年），魏国安邑（今山西万荣）张仪村人，魏国贵族后裔，战国时期著名的纵横家、外交家。张仪首创连横的外交策略，游说入秦。后来又游说各诸侯国，以"横"破"纵"，使各国纷纷由合纵抗秦变为连横亲秦。

破纵连横

周显王四十六年（前323年），秦国为了对抗魏国和韩、齐组成的合纵之约，对魏国发动了战争，先将魏国防守上郡和西河两郡的主力消灭，此后多次攻魏不止，魏国无力抵抗，只能乖乖奉上土地以求和。

周显王四十年（前329年），张仪来到秦国，此时秦国的政策已经从攻魏转向联魏，所以他为秦惠文王所做的第一件事便是联合魏国。周显王四十七年（前322年），为使魏国进一步臣服于秦，张仪辞去秦国相位，前往魏国为相。经过一番努力，魏国终于派太子入秦朝见，向秦表示归顺。

周显王五十年（前319年），公孙衍入魏，掌相国印，次年组织了第一次合纵，山东诸国除了齐国之外，都纷纷参与此次合纵，并推举楚国为盟主。之后,五国联军一起进攻秦国,但遭到秦国的反击,韩军惨败,诸侯们都震惊恐慌。张仪认为,五国虽然表面上达成一致,实际上内部有很多矛盾,要想打破各国合纵联盟,就必须采取连横战线,先破坏齐、楚联盟,然后游说各国事秦。于是他向秦惠文王请命,亲往各国,游说各国诸侯连横。

周慎靓王四年(前317年),张仪又来到魏国,说服魏襄王退出合纵联盟,臣事秦国。之后魏国又有反复,但在周赧王二年(前313年),在秦军的攻击下,失去曲沃(今属山西临汾)之地,再次被迫事秦。

游说各国

周赧王二年(前313年),张仪来到楚国,假意以600里之地让楚国断了与齐国的联盟。楚怀王深恨张仪,发兵攻秦,却失去丹阳、汉中一带的土地。他囚禁了张仪后,又经不住身边臣子、宠妃的游说,糊里糊涂地原谅了张仪,又像从前一样厚待他。

周赧王四年(前311年),张仪又游说楚怀王说:"纵览天下强国,莫如秦、楚二国,两国力量相当而势不两立。如果大王不亲近秦国,秦国只

战国·青铜龙纹壶
高44.5厘米,直口,敛颈,斜肩,鼓腹,肩部两侧衔环,腹饰四周由宽线条构成的变形龙纹,龙纹以排列整齐的圆珠纹衬底,增加纹饰的层次感。此壶铸作规整,具有战国时期青铜壶的风格特点。

要一出兵便可使韩国臣服,韩国臣服,那么魏国自然跟风。到时候秦、韩、魏共同攻楚,楚国不就危险了吗?主张合纵之人,只说合纵之利而丝毫不提合纵的危害,一旦楚国大难临头,又该怎么办呢?"

张仪见楚王有所动容,又继续道:"当今秦、楚接界,倘若大王与我秦国结盟,我便请求秦王让双方太子交换为人质,并将秦国的公主嫁给大王,答应与楚国终身互不相攻。这样的好事,还请大王不要犹豫了。"楚怀王听后,连忙对张仪拜了一拜,道:"多谢先生提点,寡人愿意与秦国交好!"

张仪离开楚国,便直接前往韩国,换了一套说辞对韩王道:"韩国地势险恶,粮食不足,纵横不到九百里,军队力量弱小,而秦国地理位置优越,兵强马壮,山东六国的军队与秦国相比,就像懦夫与勇士孟贲一样,简直就是以卵击石,不堪一击。你们各国的君臣不考虑自己国家的狭小,却听信合纵之人的谄媚之语,这是将国家往火坑里送啊。秦国现在最大的愿望就是削弱

张仪计秦说诸侯
出自《新镌陈眉公先生批评春秋列国志传》插画，苏秦合纵，张仪连横，天下之势更加动荡不安。

齐宣王说："主张合纵之策的人游说大王说，齐国濒临大海，士兵勇猛，即便一百个秦国也不能对齐国怎么样，但这完全是欺骗大王啊。如今秦国和楚国结为兄弟国，韩国向秦国献出宜阳，魏国献出河内，赵国在渑池朝拜秦王。各国都与秦国交好，如果大王不愿服侍秦国，秦国就会驱使韩国、魏国攻打齐国的南部地区，出动全部秦军渡过清河，直指博关，那么，临淄、即墨之地便不为大王所有了。齐国一旦受到进攻，即便想再与秦国交好，也办不到了。请大王深思啊。"

齐宣王一听，感到事情的危急，便连忙道："齐国寄居于东海之上，从来也不懂得如何为国家打算。现在听到先生这样说，齐国愿意与秦国交好。"遂献出三百里盛产鱼盐的土地给秦国。

张仪离开齐国，又向西到赵国游说赵武灵王："大王，赵国有大难了啊！现在楚、韩、魏、齐都与秦国交好，他们四国盟誓说一定会团结一致攻打赵国，灭掉赵后一起瓜分领土。我不敢隐瞒真相，便事先过来通知大王啊。"

赵王惊恐地问道："先生此话当真？寡人该如何是好啊！"

张仪继续道："秦王不忍心看赵国灭亡，所以派我来通知大王。大王不如和秦王在渑池相会，见了面以后让两国互结友好。这样秦国肯定不会进攻赵国，反而会帮助赵国。大王您看这样可好？"

赵王说："寡人亲政的时日不

楚国，而现在最能协助我们削弱楚国的便是你们韩国。如果大王同意与秦国合作，进攻楚国，楚国一旦衰弱，受惠最大的不就是韩国了吗？你们既转移了祸患，又能扩大国土，同时又有秦国这个强大的盟友，实在是没有比这更好的事了。"

韩王听从了张仪的主意，道："先生所言极是，是寡人的目光过于短浅了啊。"就这样，韩国也被秦国收入麾下。秦惠文王听后大喜，赐给张仪五座城邑，并封他为武信君。

接下来，张仪又来到齐国，游说

多，但内心也认为与各诸侯订立合纵之盟抗拒秦国根本不是治国安邦的长久之计。因此正在重新考虑改变先前的政策，向秦割地，并对以前参加合纵的错误表示谢罪。经先生这么一说，那我便即刻出发前往渑池。"于是赵武灵王便到渑池朝见秦惠文王，并把河间之地献给秦国。

各国纷纷与秦国交好，最后只剩一个燕国了。张仪来到燕国面见燕昭王道："大王最亲近的国家就是赵国。如今，赵国已经献出河间一带土地与秦国交好，假如大王不臣事秦国，秦国将出动军队驱使赵国进攻燕国。大王请仔细斟酌。"

燕昭王听后，没有过多地犹豫便接受了张仪的建议，道："承蒙贵客教诲，我愿意献出恒山脚下五座城池给秦国以示诚意。"

就这样，张仪凭借一张嘴破除了各国的合纵之盟，成功说服各国纷纷与秦国交好。

周赧王四年（前311年），张仪准备返回秦国，还没走到咸阳的时候，秦惠文王就去世了。之后，他的儿子嬴荡即位，是为秦武王。

战国·玉环
玉环木为古玉器的一种，为一种圆形而中间有孔的玉器，形状与镯类似，其孔径大于边缘，也有与边缘相等的。战国时种类很多，多作为佩饰之用。

张仪受笞

张仪在成为秦国国相前，曾在楚国令尹家里做门客。一次，令尹家里丢失了一块珍贵的玉，门客们见张仪穷困潦倒，便怀疑是张仪偷的。于是，令尹便把张仪抓起来打了个半死，但张仪始终没有承认。晚上，张仪垂头丧气地返回家中，张仪的妻子心疼地说："唉！你要是不读书的话，又怎么会受到这样的屈辱呢？"张仪张开嘴，问妻子说："你看看我的舌头还在不在？"他的妻子点点头说："舌头当然还在呀。"张仪笑着说："这就够了，只要舌头在，不愁没有出路。"

后来，张仪做了秦国国相，写信给楚国令尹说："当初我并没有偷你的玉璧，你却鞭打我。你要好好守护你的国家，我要偷你的城池了。"

前312年

其后，秦欲伐齐，齐、楚之交善，惠王患之，谓张仪曰："吾欲伐齐，齐楚方欢，子为寡人虑之，奈何？"张仪曰："王其为臣约车并币，臣请试之。"

——《战国策·秦策二》

楚怀王被骗

楚怀王想得秦国六百里土地，与齐断交，得知被骗后又轻易攻秦，结果是损兵折将，并失去大片土地。他恨张仪入骨，囚禁张仪后，仅凭宠妃与佞臣的三言两语，又轻易释放张仪。可谓智商不在线，沦为笑柄，自取其辱耳。

背景
齐楚联军攻取秦国曲沃，秦国欲复仇攻齐

目的
破坏齐楚联盟

主要策划人
张仪

抛出诱饵
秦国商於六百里土地

被骗者
楚怀王

楚国智囊团
陈轸、屈原，陈轸曾力劝楚怀王，未果

主要过程
楚王与齐断交，发现被骗后攻秦，反失去楚国大片土地

结果
齐楚联盟被破，齐与秦建盟，楚国失去大国地位

一骗：六百里变六里

周赧王二年（前313年），齐楚联军攻打秦国，取秦国曲沃之地。之后，秦国想要攻打齐国，但又怕齐、楚邦交甚好，楚国会从中帮助齐国，于是秦惠文王派张仪入楚，游说楚怀王，离间齐楚联盟。

张仪来到楚国，先用重金贿赂了楚怀王的宠臣靳尚，让他为自己引见。见到楚怀王后，张仪先拜了一拜，然后故作讨好道："秦楚友谊源远流长，此番秦王特地派我携礼物来看望大王，望大王笑纳。"

楚怀王虽然贪财，但也不傻，疑惑道："不知先生此次前来，有何见教？"张仪道："当今七国，秦王最恨的莫过于齐国，秦国与齐国的仇恨不共戴天，恨不得立刻出兵讨伐。但考虑到贵国与齐国交好，凭着秦楚两国的情谊，如果大王愿意与齐国断

战国·青铜鹿

交，秦王愿意将商於的600里土地送给楚国。如此，一则可以削弱齐国的势力，二则大王帮了秦国，秦王必定感激；三则楚国还可以获得600里土地，实在是好买卖啊！"

楚王一听十分高兴，开朝会的时候便把这个好消息告诉了大臣，大臣们纷纷向楚王庆贺，溜须拍马之声不绝于耳。但客卿陈轸却提出了反对意见，他说："我看大王非但得不到商於600里，反而会招来祸患。秦国之所以看重大王，是因为大王有齐国这个强大的盟邦。如今未得到土地，先绝交于齐，楚国必然陷于孤立状态，秦国又怎么还会看重楚国？大王得不到土地，受了张仪的欺骗，必是懊恼万分，结果西面惹出秦患，北面又断了齐援，这样，齐、秦两国都将攻打楚国了。"

大夫屈原也进谏道："张仪是个反复无常的小人，大王不可轻信！"但楚怀王早已被利益蒙蔽了眼睛，对这些话根本听不进去。

为了尽快获得土地，他授给张仪楚国相印和一大笔财宝，派人跟随张仪去秦国接收土地，又派人前往齐国告知断交事宜，第一次去的使者还没回来，他竟又派第二个人去齐国断交。齐王非常生气，这时候，秦国早派人到了齐国，游说齐王，悄悄与齐国订立了盟约。

战国·青铜龙衔环铺首
由两部分组成，上部龙形兽面和下部圆环，形成完整铺首。铺首衔环是中国古代一些器物上的附件，主要用于装饰青铜器、陶器、漆木器、瓷器、画像石、墓门、墓葬棺椁以及建筑的大门。此铺首有着轻灵的美感，加上圆环会产生轻盈纤细且均匀的视觉张力，恰可和上方厚实的兽面取得平衡。整器铸工考究，精美华贵。铺首一般为铜质，也有铁质、陶质，甚至玉质铺首。

战国·楚错金"鄂君启"青铜节
1957年安徽寿县出土，中国国家博物馆藏。此节是前323年由楚怀王发给鄂君启的经商通行证，共五枚，呈剖竹形式，上有错金铭文，车节147字，舟节164字，记载了鄂君启舟节和车节的颁发时间、使用办法，详细规定了其商队车、船数量和行商路线、货物种类及课税免税情况。

张仪一回秦国，便如陈轸所料，借故称病，三个月未上朝，划给楚国600里土地的事也自然搁浅下来。楚国使者把消息告诉了楚怀王，愚蠢的楚怀王竟以为是秦嫌楚国与齐国断交断得不够坚决，所以才不肯交付土地，于是立即派去一名大嗓门的勇士在齐国边界辱骂齐王，彻底断了自己的后路。齐王大怒，连忙派使者到秦国，巩固了与秦的外交关系。

张仪见目的达到，这才上朝，告诉楚国使者说："我答应过你们的6里土地，从这里到那里，现在可以拿去了。"楚使惊讶地说："我听说是600里，却不知道是6里。"张仪诡辩道："我在秦国不过是一个小官，怎么能说600里呢？"

楚使非常生气，回去禀报楚怀王，楚怀王勃然大怒，觉得自己被张仪玩弄了，立即决定兴兵伐秦，不管大臣们怎么劝谏都无动于衷。

楚国军队就这样浩浩荡荡地杀到了秦国，却被秦、齐、韩三国联兵打得元气大伤，8万楚军被斩首。秦军乘胜追击，夺取了楚国汉中600里土地，楚国超级大国的地位也随之瓦解。

再骗：楚怀王放走张仪

秦国大败楚国后，能与其抗衡的国家就只剩下齐国了。周赧王四年（前311年），秦国派人给楚国送信：愿分汉中之半于楚，以同楚结盟。但楚怀王自从上次被张仪欺骗后就一直忍不下这口气，于是派人到秦国对秦王说："只要张仪来楚国，愿献上黔中之地。"

秦惠文王舍不得张仪，便回道："张仪是我的左膀右臂，我宁愿不要土地，也不会让他出使楚国。"

谁知张仪却自请入楚，他对秦王道："微臣愿意前往楚国。"秦惠文王担忧地问："楚国太危险了，我不能让你以身涉险啊。"张仪道："大王无须担心，微臣已有对策。而且就算有个三长两短，至少为秦国换回了黔中之地，也算是死得其所。"

于是，秦惠文王便亲自为张仪送行。不出所料，张仪刚到楚国地界，便被囚禁起来了。他偷偷买通看守的狱卒，让他送信给靳尚。靳尚被张仪送来的糖衣炮

战国·蟠螭纹饰件

弹迷惑,于是便进宫去见楚王的爱妃郑袖。

靳尚对郑袖说:"夫人,您可危险了啊!我听说秦王准备用6个县的土地和6个绝色美女换取张仪。"郑袖一听到"美女"这两个字便急了,于是晚上便在楚怀王的枕边哭诉道:"大王啊,现在秦国那么强,你如果杀了张仪,秦国肯定会攻打楚国的。楚国一旦战败,那我们就要分离了。"楚王见美人哭得梨花带雨,便安慰她道:"爱妃莫怕,容我从长计议。"

次日,楚怀王找来了靳尚,听取他的意见。靳尚对怀王说:"大王,杀一个张仪也没用啊!我们不仅会损失黔中数百里的土地,说不定还会遭到秦国的攻打,得不偿失啊!"

楚怀王一听,不免觉得当初以土地换张仪的做法太过草率,于是便点点头道:

"那我这就放了张仪吧。"经过郑袖和靳尚这么一劝说,原来还盛怒至极的楚怀王竟然又轻易地原谅了张仪,不仅放了他,还赠予他厚礼。

张仪获释后,没有立即返回秦国,而是劝说楚怀王退出合纵,与秦交好。楚怀王不想白白献上黔中之地,便答应了张仪。没过几天,出使齐国的屈原回来了,听说张仪被放回国了,连忙前来拜见楚怀王道:"先前大王被张仪欺骗,颜面尽失,如今好不容易抓住他了,为什么要放走他?而且我已经和齐国达成盟约,大王还怕秦国作甚?"但楚怀王终究没有听从屈原之言。

屈原祠
位于湖南汨罗市汨罗江畔的玉笥山麓,为祭祀战国时楚国大夫屈原神位之祠庙,始建于汉代,现存建筑系清乾隆重建,是中国大陆现存纪念屈原的唯一古建筑,有"中华第一祠"之称。

前307年

王曰："吾不疑胡服也，吾恐天下笑我也。狂夫之乐，智者哀焉；愚者所笑，贤者察焉。世有顺我者，胡服之功未可知也。虽驱世以笑我，胡地中山吾必有之。"于是遂胡服矣。

——《史记·赵世家》

赵武灵王胡服骑射

穷则思变，变则通，通则久。赵武灵王在赵国强邻环伺之时，开中国军事变革之先河，毅然决然地向敌人借鉴经验，可谓师胡长技以自强。这场胡服骑射改革，最终使赵国威震一方，成为北方最强国！

背景
赵国势弱，强敌环伺，赵武灵王欲军事变革以自强

主策人
赵武灵王

最大反对者
公子成

借鉴对象
胡人（即西北的戎狄之族）

变革内容
让军队改胡装，学骑射

结果
变革成功，赵国军事实力增强，跃升为战国强国

决心改革

赵国从赵襄子建国后，曾一度是强国行列，后来又渐渐衰落下来。周显王四十三年（前326年），赵肃侯去世，赵武灵王作为继立的新君，因为年纪尚幼，不能亲掌国事，便由肥义、公子成等先王留下来的顾命大臣辅政。彼时，赵国东有强齐，南有韩、魏，西有悍秦，北部与少数民族相接，心腹地带还夹着一个屡打不死的中山国，国防形势尤为严峻。

随着赵武灵王亲政，他逐渐表现出了一个君王的远大抱负。他仔细观察赵军与北方游牧民族的战争，发现胡人的部队全都是由奔驰的战马和矫健的骑士组成的骑兵部队，他们速度快、身手敏捷，往往在赵军还没有反应过来的时候便被他们一网打尽。而且胡人的衣服都比较贴身，行动方便，这是他们行动迅捷的一大原因。再反观中原传

赵武灵王胡服骑射雕塑

统服饰，宽袍大袖很妨碍行军速度和战场交锋。赵武灵王思考了很长一段时间，终于下定决心学胡人之长，在军事上进行"胡服骑射"的改革。

周赧王八年（前307年），赵武灵王首次在朝会上讲了他的决定，没想到却遭到满朝文武的激烈反对。赵武灵王只得转换策略，决定将大臣各个击破后再谈改革事宜。

他第一个找的人是大臣楼缓。赵武灵王对楼缓道："现在赵国四面受敌，如果没有强大的军队守卫，随时会面临亡国的危险。我观察胡人军队多年，认为他们的本领超群，可以为我们所用，一旦学成，赵国的军事力量势必会上一个新台阶！"

楼缓被赵武灵王的话打动了，便点点头道："大王深谋远虑，一切愿听大王安排。"

得到了楼缓的支持后，赵武灵王便召顾命大臣肥义入宫。赵武灵王道："我想续写赵简子、赵襄子时代的辉煌，在全国推行胡服骑射改革，可是大家都反对，我该怎么办呢？"

肥义见赵武灵王有此雄心，便道："畏首畏尾，无事可成；犹豫不决，必然失败。大王既然决定要逆社会习俗而行，就不要顾忌社会舆论的反对。"

战国时匈奴族北方草原民族服饰示意图

赵武灵王听后点头道："你说得对，要想青史留名就不能被他人的意见左右。我一定会把改革进行下去的！"

困难重重

赵武灵王下定决心后，便首先在宫里穿起了紧俏的胡服，还想着穿胡服上朝，给文武百官做个表率。他的这一做法自然又引起轩然大波，反对最强烈的就是公子成。公子成是赵武灵王的王叔，也是赵国很有影响力的一位老臣。他不支持改革，文武百官也都站在他那边。赵武灵王想将改革进行下去，势必困难重重。所以，赵武灵王决定说服公子成。

他先派使者前去拜访公子成，向

他传话道："家事听从父母，国政服从国君，现在我想推行胡服骑射的改革，如果连您都不支持我，那么天下人会怎么看呢？国家政策推行要以利于人民为根本，处理政事要以施行政令为重，推行法令必须从贵族近臣做起。现在我推行的政策完全是为百姓好啊！希望叔父您能为天下人做个榜样，协助我推行这条法令。"公子成对使者道："咱们中原地区沐浴在圣人的教诲下已有多年，先进的文化一直受到四方游牧民族的崇拜。现在大王却抛弃这些宝贵的东西去仿效胡族的服装，这是擅改古代习惯、违背人心的举动啊！还是请大王慎重考虑一下吧。我近来身体不适，需要调养一段时间。"

使者不行，赵武灵王便亲自登门，对公子成道："圣人根据实际情况制定礼仪规范，是为了造福国家。如今赵国四面受敌，但军事力量弱小，没有能够骑马射箭的勇士抵御外患，实在是很危险啊！先前中山国依仗齐国的强兵，侵犯我们的领土，又差点水淹了鄗地（今河北柏乡北），几代国君深以为耻，却一直没能雪耻。现在我决心让全国人民改穿胡服、学习骑射，就是想以此抵御四面的灾难，振兴赵国，一雪前耻啊。没想到王叔您却一味依附世俗的看法，违背先祖遗愿，带头反对改革，将鄗城的奇耻大辱置之脑后，我对您感到很失望！"

公子成听到这里，幡然醒悟，拜倒在地道："老臣糊涂，差点误了国家大事，请大王恕罪。"赵武灵王成功说服公子成，破除改革阻力也就前进了一大步。

胡服骑射

第二天一早，公子成与赵武灵王同穿着胡服上朝。赵武灵王借机颁布法令，宣布全国一律着胡服，所有的士兵们都学习骑马射箭。大臣中间虽然还有反对的意见，但看见赵武灵王和公子成都穿上了胡服，也就不好再多说什么。就这样，胡服迅速地在全国臣民中得到了推行。

胡服推行后，赵武灵王又开始训练将士，让他们学习骑马射箭，还经常以游猎的名义进行军事演习。不到一年工夫，赵国便有了一支精锐又强大的骑兵队伍。

前305年，赵武灵王正式揭开了进攻中山国的序幕。他亲率骑兵，将赵军分为左、中、右三路讨伐中山国，不仅打败了中山，又向北攻取了华阳，南下攻到封龙（今河北石家庄西南）、鄗、石邑（今属河北）等地。周赧王十二年（前303年），赵武灵王又对中山发起了第二次攻击，往北打到了燕国边界，往西与云中、九原连成一片。

经过胡服骑射改革，赵国迅速崛起，一跃成为北方的最强国。赵国的骑兵部队不仅仅让中原各国折服，就连强大的秦国也不得不忌惮三分。

战国·彩漆木卧鹿

2002年湖北九连墩2号墓出土,现藏于湖北省博物馆。鹿前腿跪地,后腿蜷曲,昂首扭望,上嵌长长的真鹿角。通体髹黑漆,用红漆绘斑纹。梅花鹿自古就被人们认为是祥瑞之物,常被用来镇宅、求顺和保平安。

> 前307年

武王有力好戏，力士任鄙、乌获、孟说皆至大官。王与孟说举鼎，绝膑。八月，武王死。

——《史记·秦本纪》

秦武王举鼎而死

秦武王天生神力，勇猛异常，是个有抱负的君王。但其重武好战，喜欢逞匹夫之勇，在位仅仅三年就因为自己的争强好胜而断送了性命，呜呼哀哉！

主角
秦武王嬴荡

性格特征
争强好胜，以好武著称

身边武士
乌获、任鄙、孟贲

辅政大臣
甘茂、樗里疾

主要政绩
攻取宜阳

举鼎原因
向周王室示威，显示自己神力

结局
举鼎而亡

武王好力

周赧王五年（前310年），秦惠文王因病而亡，由秦武王接替王位。秦武王生而有神力，喜欢与勇士们比试力气。乌获、任鄙二将在秦惠文王时期就因为作战英勇，为秦国立下过汗马功劳。两个人也有一身的神力，常常与秦武王比试，三个人不相上下。所以，秦武王更是对他们二人宠爱有加。

当时，齐国有个名叫孟贲的人，凭借力气大而闻名天下。传说他"水行不避蛟龙，陆行不避虎狼，发怒吐气，声响动天"。他听说秦武王正在招揽天下有力之士，便来到咸阳城，求见秦武王。秦武王经过检验，发现他果然名不虚传，确实是个难得的大力士，于是也拜他为大官，让他与乌获、任鄙一起得到重用。

战国秦·彩绘变形凤鸟纹漆卮
1975年湖北云梦睡虎地11号墓出土，现藏于湖北省博物馆。木胎，斲内红外黑漆，在黑漆地上用红、褐等色彩绘纹样。

取宜阳，入中原

张仪在秦惠文王死后便离开了秦国。秦武王将相位一分为二，分别命甘茂和樗里疾为左、右相国。

周赧王七年（前308年），秦武

王实行张仪留下来的"车通三川，窥周室"的政策，打算攻打韩国的三川地区，挟天子以令诸侯。但是，在实现这个战略目标的路上，耸立着韩国的一座坚城——宜阳（今河南宜阳）。

宜阳是韩国的必守之地，城池非常坚固，并且有重兵把守。所以对伐韩一事，樗里疾表示反对，他对秦武王说道："此去韩国，路途遥远，劳师费财。而且宜阳难攻，耗时费力，万一赵、魏二国再从背后偷袭，后果将不堪设想。"

而甘茂则认为"伐宜阳，定二川"是秦国挺进中原的关键。宜阳虽难攻，但只要破坏韩魏联盟，让魏国助秦，赵就不能越过魏国而援韩国。韩国一旦没有了援军，就算宜阳的城池再坚固，也会被秦军攻破。

秦武王一听大喜，便给了甘茂很多财物，让他出使魏国。周赧王七年（前308年）秋，甘茂前往魏国，先以"共享伐韩之利"为诱饵，再施以军事压力，终于迫使魏国与秦国建立了联盟。魏国最终答应出兵助秦，共伐韩国。

目的达到后，甘茂返回秦国，与秦武王订立了息

秦昭襄王继位

周赧王八年（前307年），秦武王因为逞强好胜，举鼎身亡。因为武王膝下无子，所以群臣便因为继承人的问题而闹得不可开交，秦国陷入一片混乱。当时，秦惠文王另一个儿子公子稷（母亲为芈八子）在燕国为人质。赵武灵王欲扶植公子稷为秦王，以为赵国谋利，他用计让代郡的宰相赵固将公子稷从燕国迎入赵国，再送到秦国去争夺王位。最后，在秦将魏冉等人的支持下，公子稷顺利地登上了王位，是为秦昭襄王。

壤之盟，取得秦武王的大力支持和信任。随后，甘茂便率军前往宜阳。宜阳果然比想象的还要难攻，秦国屯兵城下5个多月仍无所获。秦武王见局势不妙，便又增兵5万，让乌获前往协助。经过殊死搏斗，秦军最终大败韩军，攻破宜阳。

宜阳被拔，韩国立即求和，周天子也诚惶诚恐

樗里疾像

樗里疾（？—前300年），名疾，又称樗里子、严君疾，战国中期秦国宗室、将领，秦孝公庶子，秦惠文王异母弟，其母为韩国人。因足智多谋，绰号"智囊"，被后世堪舆家尊之为"樗里先师"。曾辅佐秦惠王、秦武王、秦昭王等秦国君主。

乌获扛鼎图
江苏铜山吕梁乡出土，描绘了秦武王逞能举鼎的场面。

孟贲像
孟贲，战国时期卫国的勇士。相传他力大无穷，与夏育、乌获并称。

地打开了国门。秦国得宜阳，可谓打开了进入中原的门户，占据此城，可方便实施大规模兼并战争，威胁周王室，北攻燕、赵，东伐魏、齐，南伐楚，都不在话下。

举鼎而亡

周赧王八年（前307年），秦武王终于实现了自己的理想，带着任鄙、孟贲一班勇士和大队人马起程，来到了周王室的都城洛阳。

当时的周赧王知道秦武王纯粹是来向自己示威的，便想趁机除掉武王。在酒席上，秦武王急于要看象征着王权的九鼎，便直奔周太庙所在地，果然看见九个宝鼎宛若九座小铁山，一字排开，相当整齐壮观。这九鼎是当年大禹王收取九州的贡金，各铸成一鼎，上面记载有九州的山川人物，鼎的腹部分别刻有荆、梁、雍、豫、徐、扬、青、兖、冀等九州，足耳都有龙纹，所以又被称为"九龙神鼎"。后来夏朝灭亡，九鼎落于商朝，然后又由周成王迁到洛阳，成为周朝的镇国国宝。

秦武王浏览着九鼎，赞叹不已。他指着刻着"雍"字的鼎叹道："这个雍鼎，代表的是我们秦国！我要把它带回咸阳去。"于是，他转身问守鼎的官吏道："此鼎可曾有人举起来过吗？"小吏叩首答道："听说这每个鼎都有千钧（一钧相当于30斤），所以自从搬到这里来后，还没有人能够举得动它。"

周赧王见时机已到，便故意刺激武王举鼎。秦武王果然有点心动，便转身问任鄙、孟贲："你们两个人能举得动这个鼎吗？"任鄙不仅仅力气大，而且人也非常聪明。他知道武王喜欢争强好胜，于是便推脱道："臣只能举得动百钧的东西，这个鼎有千钧，臣肯定举不动它。"孟贲卷起袖子上前道："让我来试试吧。如果我举不起来，大王可不能怪罪我啊！"

秦武王点头，遂让左右取青丝为索，绑在鼎上。孟贲将腰带束紧，用两个铁臂紧紧抓住鼎耳，大喝一声："起！"只见那"雍鼎"刚离地面约有半尺，又很快落回原地。而孟贲由于用力过猛，眼睛竟然迸出鲜血来。秦武王鼓掌道："爱卿果然神力，让寡人也来试试！"

任鄙急忙劝道："大王乃万金之躯，不能轻易尝试啊！"秦武王不听，当即解下锦袍玉带，束缚腰身。任鄙上前抓住他的衣袖再次劝谏道："大王不可啊！"秦武王自恃力大，根本听不进劝，他甩开任鄙的手说道："你自己没本事，难道是妒忌我？"任鄙被说得哑口无言，便不敢再劝了。

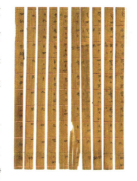

清华简算表（部分）
是战国时代的算器文物，收入《清华大学藏战国竹简（肆）》。清华简算表共21支，组成一个20行、20列的十进制乘法表；能对二位数字（其中包含1/2）进行乘法、除法运算。《算表》的发现使战国时期取代了《九章算术》的汉代，成为中国数学史的第一个高峰时期。

秦武王大步向前，心中暗暗想道："孟贲只是稍稍举起，我一定要举着它走几步，方才显出我比他更厉害！"于是，武王猛吸一口气，用尽生平神力，大喊一句："起！"只见大鼎被武王举至胸前，周围的人见状立刻爆发出响亮的喝彩声。秦武王得意，还想抱着鼎走几步，但那鼎太重，举起来已实属不易。此时，他已力气用尽，身子突然倾斜，大鼎从空中重重地跌落下来。只听秦武王大叫一声，被大鼎砸断了胫骨。到了晚上，好武的秦武王便气绝而亡，年仅23岁。

宣太后档案

分类	内容
别称	芈（mǐ）八子、芈月
国籍	出生在楚，后嫁入秦
身份	秦惠文王之妃、秦昭襄王之母、秦国王太后
儿子	公子稷（秦昭襄王）、公子市、公子悝
主要功绩	诱杀义渠王，消除了秦国西部大患，秦在义渠故地设陇西、北地、上郡三郡
失去权势	秦昭襄王年幼，宣太后主政，重用弟弟魏冉、芈戎以及儿子公子悝、公子市等四贵，后魏国人范雎逃亡至秦国，建议秦昭襄王收回权力，最后宣太后被废，四贵被驱逐出秦国。周赧王五十年（前265年，秦昭襄王四十二年）去世，葬于今陕西西安临潼区骊山

前307年—前296年

中山之地方五百里，赵独擅之，功成名立利附，天下莫能害！

——《战国策·秦策三》

赵灭中山

中山国作为一个小小的二流之下的诸侯国，却是春秋战国时代的一个传奇，屡灭屡起，屡打不死。但赵国在实行胡服骑射之后，实力大增，最终还是用铁骑踏平了这个国家，让它从此消失在战国版图中。

时间
前307年—前296年

地点
今河北保定、石家庄一带

原因
中山国使赵国国土南北分离，威胁到赵国的安全

结果
中山被灭国

意义
结束了白狄鲜虞族210多年的历史；
赵国扩大了领土，增强了国力

战国时期，身为四战之国的赵国除了受到齐、魏、韩、秦的威胁以外，心腹地带还夹带着一个屡打不死的中山国。中山国雄踞在河北中部一带，几乎将赵国一分为二，而且屡屡派军队骚扰赵国的地盘，是威胁赵国安全的一大隐患。

赵武灵王自即位以来，便一直饱受中山国的困扰，因此早就有消灭中山国的打算。周赧王八年（前307年），赵武灵王向北攻取中山国，战争一直打到房子（今河北高邑西南），中山国全力抗战，不仅打败了赵军对房子的进攻，占领了赵国的鄗邑，还挥师北上痛击了趁机入侵的燕军。

赵武灵王是个有雄才大略的君主，战败后，他便带领军队西行到了黄河，在黄华山（今山西西北近黄河处）顶，他面对着大好河山，不禁热血沸腾，于是慷慨激昂地说道："在寡人有生之年，一定会灭了中山！"

回国后，赵武灵王便在全国推行胡服骑射改革，让民众穿胡人服装，练习骑马射箭，并着手开始训练骑兵部队。

东周·玉谷纹龙首带钩

经过两年的努力,赵武灵王培养的骑射部队已经初具规模,他便暗暗地派手下李疵前去调查中山国的情况,为攻打中山国做准备。不久,李疵前来复命:"中山国现在醉心于孔墨学说,疏于练武,士气不振,可以攻打。"赵武灵王一听,觉得时机成熟了,便开始调遣军队,准备大举进攻中山。

周赧王十年(前305年),赵军兵分两路,正式揭开了进攻中山国的序幕。南路由赵武灵王统领,进攻中山国腹地,取得了鄗、石邑、封龙(今河北元氏西北)、东垣(今河北正定)。北路军队在曲阳(今河北曲阳西)会合,攻取了丹丘(今河北曲阳西北)、华阳等。这时候,中山国已经失去了三分之一以上的国土。迫于无奈,中山国只好割让四邑向赵国求和。赵武灵王因为一时无法控制中山国的腹地,便暂时收兵,接受了中山国的请求。

但这短暂的和平没有持续多久,周赧王十四年(前301年),赵国再次攻入了中山国国都灵寿(今河北灵寿),中山国国王逃往齐国,中山国乱作一团。次年,赵国又攻占了中山国的扶柳(今河北冀县),将中山国东部悉数占为己有。中山国几乎被灭。

周赧王十九年(前296年),赵武灵王又亲自率20万大军大举进攻中山,占领了其国都灵寿,将中山王尚流放到肤施(今陕西延安),兼并了中山国所有的国土。至此,赵与中山历时11年的战争终于结束,中山国终于彻底地从历史上消失了。

中山兆域图及其摹本

1983年河北平山中山国古墓出土,是一块铜版地图,上南下北,正面为中山王、后陵园的平面设计图,背面中部有一对铺首。中山王、后的陵园包括三座大墓、两座中墓、四座宫室。除了标记有墓的名称和大小外,铜版上还记述了中山王颁布修建陵园的诏令。图版中墓堂用金线表示,宫垣和宫室均用银线勾勒,墓底边用细银线描绘。尺度用"尺"和"步"为单位标注。这是迄今为止世界现存最早的建筑设计平面图,在考古学、历史学、语言学、社会学及建筑学方面都有很高的研究价值。

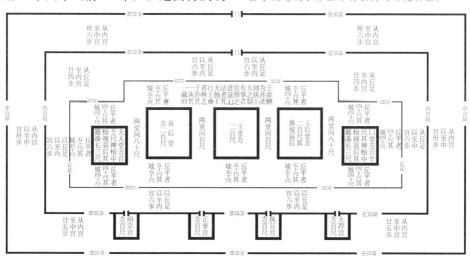

> 前293年

其明年，白起为左更，攻韩、魏于伊阙，斩首二十四万，又虏其将公孙喜，拔五城。

——《史记·白起王翦列传》

伊阙之战

这又是一场以少胜多的著名战役。秦军临阵换将，白起亦不负所望，抓住敌方薄弱环节，各个击破，用实力证明打仗不仅靠人多，更要靠智慧与团结一心。

背景

秦想统一六国，韩魏是秦进军中原的要塞，必先灭掉两国打通门户

时间

前293年

交战双方

秦国；韩、魏

双方指挥官

白起；公孙喜

结果

秦国大胜，占领伊阙及其他城池，韩魏门户被打开

意义

秦国以不可抗御之势向中原扩展，统一六国只是时间问题

白起

白起（？—前258年），又名公孙起，秦国郿县（今陕西眉县东北）人，秦国名将，在秦昭襄王时征战六国，为秦国统一六国做出了巨大的贡献。以功受封武安君，是中国历史上伟大的军事家，统帅。

秦昭襄王即位后，秦国局势逐渐稳定，国力蒸蒸日上。从大局来说，秦国有统一六国的野心，而韩国和魏国是进军中原的要塞，秦国必先对这两个国家下手。从小处着眼，之前韩国和魏国也曾两度攻秦，迫使秦国因为一时忍让割地求和，这让铁血宰相魏冉以及秦国上下都铭记于心。待到秦国休养生息时机成熟，周赧王二十年（前295年），秦即发兵攻打魏国的襄城。第二年，秦将向寿率兵攻取韩国的武始（今河北武安南）；同年，魏冉又派左庶长白起攻夺韩国的新城(今河南伊川西南)。

当时魏襄王、韩襄王相继去世，魏韩两国正值人心浮躁之际，向寿发起对韩国的进攻，很快攻下武始，白起也夺下新城。这下韩国慌了，思前想后只能向魏国求助，因为此时倘若韩国有个三长两短，魏国的下场自然会和韩国别无二致。魏国也看出来局势正是如此，于是就和韩国结盟，并派将领公孙喜出任联军统帅，率24万联军浩浩荡荡进据伊阙，迎战秦军。

为什么停留在伊

阙？伊阙是韩魏两国的门户，地势险要，两岸香山、龙门山对立，伊水中流，易守难攻，所以它是韩魏两国最有利的战场。两军对峙，当时秦军兵力还不到联军的一半，加上韩魏大军占据有利地势，所以战争形势对秦国不利。

此时，秦军做了一个重要的决定。周赧王二十二年（前293年），在魏冉的力荐之下，白起代替向寿升任左更，成为这次大战的统帅。白起，战国四将之一，拥有"杀神"的称号，是真正的实力派，纯靠稳扎稳打，从最低级的武官后来一直升到受封武安君，令六国闻其名而丧胆。但在伊阙一战之前，他还没有什么名气，魏冉起用他，的确存在政治风险。不过，他相信白起不会令他失望，而事实也证明，这次临时换将是一个绝对正确的决定。

秦国已悄悄换将，而韩魏联军仍在相互推诿，韩军说："你们先打吧，我们战斗力相对弱一些，你们若充当先锋必能挫敌锐气。"魏军一听，也不愿意打头阵，也说："你们武器先进，做先锋必定事半功倍，并且两军统领可是魏国将领。"无奈韩军打了头阵。在两国商量谁做先锋军的时候，白起已经站在缓坡，对两军阵型进行了大致了解，并且得到密报，得知两军并不团结，貌合神离。白起心中有数，布置战术。

他先让少量兵力对付韩军，但是

战国·虎形银饰牌
陕西神木纳林高兔村出土，现藏于神木县博物馆。

要广布旌旗，让韩军以为所有的兵力都在和韩军作战，韩军本来气势就弱，所以并不敢轻举妄动。同时，白起指挥主力军绕道魏军后方，攻其不备。韩军打头阵，魏军本就松懈，没想到秦国主力军猛扑过来，连作战阵型都没来得及展开就已经溃败。魏军败下阵来，韩军侧翼无人抵挡，加上前方秦军双方夹击，韩军也兵败如山倒。这一战，白起杀韩国主将犀武，俘虏魏军主帅公孙喜，联军24万人几乎全部被消灭。

白起作战的特点是不以攻城为目的，而主要为歼杀敌方生力军。伊阙之战中，他以独到的战略眼光，利用两国军队相互猜疑的漏洞，第一时间抓住敌人的薄弱环节，各个击破，成就了这场以少胜多的著名战役。

白起一战成名，从此开启了他的"杀神"生涯。而秦国占领伊阙后，又趁势夺下魏国数座城池及韩国安邑以东的大片土地。至此，韩、魏两国国门大开，秦国入主中原又进了一步。

> 前372年—前289年

天子不仁，不保四海；诸侯不仁，不保社稷；卿大夫不仁，不保宗庙；士庶人不仁，不保四体。

——《孟子》

亚圣孟子求"仁政"

虽有倾世之才，却生不逢时！孟子一生致力于发扬自己的"仁政"思想，却四处碰壁，备受冷落。究其原因，并不是"仁政"思想本身不够好，而是时代所迫。在那种诸侯纷争、动荡不安的环境下，只有法家的富国强兵才能顺利安天下！

主角
孟子

职业
学者、思想家

国籍
邹国

思想
主张仁政，提出"民为贵，社稷次之，君为轻"的思想

成就
成为仅次于孔子的一代儒学宗师，被后人称为"亚圣"；与孔子合称为"孔孟"

著作
《孟子》

孟子像
孟子（约前372年—约前289年）名轲，字子舆，华夏族，邹（今山东邹城）人。战国时期伟大的思想家、教育家，儒家学派的代表人物。与孔子并称"孔孟"。

孟子（约前372年—约前289年），名轲，字子舆，战国时期邹国人，是孔子的孙子子思的弟子。孟子继承并发扬了孔子为政以德的思想，并把它扩充发展成包括思想、政治、经济、文化等各个方面的施政纲领，即为"仁政"。"仁政"的基本精神是对人民有深切的同情和爱心。在政治上就是提倡统治者以民为本，减少赋税，减少刑罚，轻徭薄赋，采取有利于争取民心的政治方略，以达到人民安居乐业、天下大治的状态。

孟子认为，仁政的基础是"制民之产"，即让老百姓获得最基本的生活保障。所以他强调保护小农经济，以此来维持老百姓的生计，从而奠定政权稳定的基础。具体包括实行"井田制""薄税赋""不违农时"等减轻人民负担和遵循生产规律的主张。

仁政的核心是政治方面的"重民"，孟子提倡"民为贵，社稷次之，君为轻"的思想，他反对暴

《孟轲论道图》（现代名家李乃宙绘）

政，肯定人民有推翻暴君的权力，支持解民于苦难的正义之战。但孟子反对诸侯纷争给人民带来灾难的战争，对战国时期的统治者不顾人民死活、频繁发动战争的行为深恶痛绝。

在当时战乱不息的背景下，孟子认为民心的向背对于国家政权的安定具有决定性的意义。所以他特别强调"得其民斯得天下"，民心即是天意，在承袭孔子天命观的基础上又加入"天视自我民视，天听自我民听"，"以民心而察天意"等观点。

只可惜，战国时期，法家的思想当道。当时的秦国任用商鞅，经过变法富国强兵；魏国和楚国也曾经用法家的思想来治理国家，力求谋霸，所以孟子的政治主张在诸侯国中并没有受到国君和大臣们的推崇。

孟子早年，曾先后到鲁国、齐国、宋国，还有魏国等诸侯国去游说，并在齐国担任过齐宣王的客卿。周赧王元年（前314年），齐国打着"拨乱反正"的旗号攻打燕国，不出50天便攻破了燕国的首都。孟子从百姓的角度出发，劝谏齐宣王要善待燕国百姓，不然后果不堪设想。但齐宣王并没有采纳孟子的建议，反而在燕国烧杀抢掠，大肆搜刮百姓，最后在燕国百姓的反抗下，狼狈地离开了燕国。

孟子见自己的建议得不到采纳，最终失望地离开了齐国。他晚年返回邹地，开门授徒，与弟子万章、公孙丑等人一起将自己的政治主张整理成书，后世命名为《孟子》。

《孟子》书影

《孟子》一书是孟子的言论汇编，由孟子及其弟子共同编写而成，记录了孟子的语言、政治观点和政治行动，属儒家经典著作。

> 前300年—前266年

太史公曰：穰侯，昭王亲舅也。而秦所以东益地，弱诸侯，尝称帝于天下，天下皆西乡稽首者，穰侯之功也……

——《史记·穰侯列传》

秦相魏冉专权

曾辅昭襄王上位，四为相国；曾身经百战，战功赫赫。一代名臣魏冉，抵挡住了千军万马，却没能抵得住权力和钱财的诱惑，最终被昭襄王罢黜，令人叹息！

主角
魏冉

国籍
楚国→秦国

职业
秦国将军、相国

身份
秦宣太后异父弟弟；
秦昭襄王舅舅

封爵
穰侯

主要成就
拥立嬴稷为王；
使诸侯稽首事秦

结局
被秦昭襄王罢黜，死于封地

秦昭襄王
秦昭襄王（前325年—前251年），一称秦昭王，嬴姓，赵氏，名则，又名稷，秦惠文王之子，战国时期秦国国君。在位期间重用范雎、白起等人，为秦国的发展做出极为杰出的历史贡献。

秦武王举鼎而死后，因为没有继承人，所以朝廷上便开始了争夺王位的斗争。争夺王位的势力主要有两派，一派是拥护公子壮（秦惠文王的另一个儿子）的，一派是拥护公子稷的。支持公子壮的主要是秦惠文王后和秦武王后，而拥护公子稷的则是公子稷的生母芈八子和她的弟弟魏冉。

公子壮表面上具有很大优势，但魏冉手中握有兵权。既然明面上争不过，他便一不做二不休，将秦军调入咸阳，直接杀死了公子壮和惠文王后，然后拥护公子稷登上王位，是为秦昭襄王。魏冉拥立秦昭襄王，其声威也震动了秦国上下。

秦昭襄王即位后，因为年纪尚小，所以秦国的大权实际上便牢牢地掌握在宣太后和魏冉手中。

周赧王十五年

（前300年），樗里疾去世，魏冉被封为相国。周赧王二十二年（前293年），秦国出兵伊阙（即今龙门，在今河南洛阳南）攻打韩国。秦国派出的统帅原本是向寿，后来听说魏国派出了最厉害的大将公孙喜率军相助，所以便决定临时换将。在魏冉的力荐下，白起代替向寿成为秦军的主帅，随后白起在伊阙大破魏军，令韩军不战自溃。伊阙一战大胜，实有魏冉的荐人之功。

周赧王二十三年（前292年），魏冉托病辞去丞相一职，次年秦昭襄王又起用魏冉，赐封魏冉于穰地，后来又加封陶郡（今山东定陶），称为穰侯。这时魏冉在秦国的权势越来越大，以致后来各诸侯国只知秦国有魏冉和宣太后不知有秦王。周赧王三十年（前285年），秦昭襄王与楚顷襄王、赵惠文王分别达成了联合绞杀齐国的意向。之后，韩、魏两国也加入。五国盟军拜乐毅为统帅，共同伐齐。魏冉趁此借秦国的兵力来扩大自己的势力，夺取陶邑（今山东定陶西北），并为己加封。

周赧王三十九年（前276年），魏冉亲率大军围攻魏国的首都大梁，韩国派军来救，却被击溃，魏国只好答应割地求和。周赧王四十四年（前271年），魏冉与客卿灶商议攻打齐国，夺取刚、寿两城，再次扩大自己在陶邑的封地。范雎借着这个机会前去劝说秦昭襄王，向秦昭襄王阐明魏冉在外事上擅权，而且富可敌国、专权跋扈，倘若不加以控制后果不堪设想。秦昭襄王对魏冉早已有罢黜之心，听到范雎的话，更是认为不能将魏冉继续留在身边了。周赧王四十九年（前266年），秦昭襄王废掉魏冉，任用范雎为相。次年，宣太后逝世，魏冉被迁到关外，最后"身折势夺而以忧死"，死于自己的封地陶邑。

宣太后
宣太后（？—前265年），芈（mǐ）姓，又称芈八子、秦宣太后。战国时期秦国王太后，秦惠文王之妾，秦昭襄王之母。秦昭襄王即位之初，宣太后以太后之位主政，执政期间，攻灭义渠国，一举灭亡了秦国的西部大患。死后葬于芷阳骊山。

战国秦·"廿一年相邦冉"青铜戈
此戈为秦昭王廿一年（前286年）相邦（即相国）魏冉监造的器物。现藏于中国国家博物馆。

> 前284年—前279年

> 乐毅于是并护赵、楚、韩、魏、燕之兵以伐齐，破之济西。诸侯兵罢归，而燕军乐毅独追，至于临菑。
>
> ——《史记·乐毅列传》

乐毅合纵攻齐

乐毅攻城略地，几近拿下齐国，但他懂得武力可以征服一座城池，但绝对收买不了人心，所以他在所占领的齐国土地上减轻赋税、收买民心，但最终这场旷日持久的战争因离间计而功败垂成。

原因

齐国侵凌燕国，燕国休养生息，等待反击

时间

前284年—前279年

起因

齐国狂妄自大，有吞并天下野心，其他国家惧怕，纷纷响应合纵攻齐

交战双方

燕、赵、韩、魏、秦；齐

双方指挥官

燕国：乐毅
齐国：田单

结果

齐国几近覆灭，幸得田单复国；因燕惠王猜忌，乐毅奔走赵国

乐毅像

乐毅（生卒年不详），子姓，字永霸，中山灵寿（今河北灵寿西北）人，魏将乐羊之后，战国后期杰出的军事家。

辗转居燕

乐毅生于官宦人家，戴着"将门之后"的标签长大，少年聪颖，能文能武，喜好兵法。乐毅的祖先乐羊是魏国开国君主魏文侯手下的将领，攻打下了中山，从此乐氏子孙便世代定居在这里，但后来中山覆灭，乐毅也就成了赵国人。

一开始，乐毅在齐国为官。齐国在当时是唯一可以和秦国相抗衡的强国，按说在齐国做官是很荣耀的事情，但乐毅看出齐国虽强，无奈宫廷内乱严重，一不小心便会引来杀身之祸，不是长久之计。

于是他去了祖先为之战斗过的魏国，但魏王只给他安排了一个闲职，他无法施展自己的抱负。相较而言，燕国在各国中稍微弱小，又刚遭受齐国的侵凌，燕昭王决意报仇雪恨，他招贤纳士，设重金赏赐前来燕国

的人才。一时，名闻天下，应者如云。乐毅思虑在魏国只会一事无成，便也去了燕国。乐毅见到燕昭王，一个是怀才不遇，一个是求贤若渴，两人一拍即合。乐毅终于遇见明主，成为燕昭王的亚卿（相当于副宰相）。

秦开却胡筑长城

战国燕昭王时期，由于北方东胡族兵力强盛，不断侵扰燕国，名将秦开被迫到东胡做人质。秦开回到燕国后，率兵攻打东胡，东胡大败，北退千余里。这就是历史上的"秦开却胡"。燕国在新拓展的边境上，设置了上谷、渔阳、右北平、辽西、辽东五郡，为防御东胡的侵扰，沿边修筑了从造阳（今河北独石山至滦河源一带）到襄平（今辽宁辽阳）的长城。燕长城为防御北方游牧民族的侵扰，发展本地经济起了重要作用，对后世中原农耕经济的发展也起着不可或缺的作用。

等待时机

燕昭王在乐毅辅佐下，改革政治，整训军队，经过20多年的励精图治、休养生息，国力逐渐恢复。而齐国仍为当时的大国，南攻楚国，西打魏、赵，又联合韩、赵、魏三国攻打秦国，拓展了一千多里土地。齐湣王与秦昭襄王还曾共同争取帝号之尊，以提升自己的大国地位。但齐湣王为人十分骄横，引起百姓和列国诸侯的不满。

燕昭王从未忘记要向齐国复仇，觉得时机成熟，便向乐毅询问攻齐之事。乐毅说："现在去攻打齐国，的确是好时机。齐国虽表面上看着强盛，但四处为敌，齐湣王又太狂妄自大，施行暴政，国民都有怨言。不过，齐国仍有霸国的基业，且地广人众，大王要攻打它，千万不可以单打独斗，我们要联合其他国家攻打齐国。"

当时，齐国已经攻打过楚国、魏国、赵国，而又要和秦国争王，七雄中已树敌四个。齐国实际已四面楚歌。为了更顺利地联络各国共同伐齐，燕昭王又派出

燕昭王像

合纵伐齐

周赧王三十一年（前284年），燕昭王派遣倾国之师，与秦、赵、韩、魏、楚五国军队会合，组成六国联军，乐毅做大统帅，共同伐齐。在济水(今济南西北)之西，联军与齐军相遇，齐湣王亲率齐军主力迎战。六国联军中，燕军为主力，其余五国军队做侧翼，气势如虹。齐湣王调动全部兵力抵抗六国联军，双方在济西展开大战，最终齐军因寡不敌众，节节败退。这时其他联军主张穷寇莫追，瓜分已有战果，纷纷撤军，但乐毅做了一个果敢的决定，他要带着燕军继续攻打齐国，直至齐国覆灭。

此后，乐毅先是集中力量拿下齐国都城临菑，把战利品统统运到燕国。燕昭王看到后，百感交集，忍辱负重20多年终于报了仇。乐毅带兵与齐国作战

乐毅破齐
明末刻本《新列国志》。描绘了名将乐毅率领燕军，联合秦、韩、赵、魏等国军队攻齐的战况。

间谍，游说齐湣王攻宋。宋国方圆数百里，土地肥沃，是仅次于战国七雄的国家，又地处中原要塞，与多国接壤，它的存亡很大程度上牵涉战国七雄之间的实力消长。

齐湣王要攻打宋国的消息一出，立即触痛了各国的敏感神经。乐毅见时机成熟，遂出使韩、赵、魏、楚、秦五国，对各国君主说："齐国有吞并天下的野心，宋国土地肥、人口多，还地处中原要塞，齐国若吞并宋国，后患无穷。而且齐湣王残暴骄横，已使齐国百姓怨声载道，我请求联合各国军队攻打它。"此番话正说中了各个诸侯国担忧的事情，于是纷纷答应合纵共同讨齐。

5年，一连攻下齐国城邑70多座。但乐毅的目的不仅是得到土地和城池，还要得民心，只有民心归顺才是真的消灭一个国家。最后，齐国只剩下莒城和即墨这两座城池，乐毅对这两座城采取了围而不攻的方针，并减赋税、废苛政、尊重原有的风俗习惯，以从根本上瓦解齐国。

功败垂成

周赧王三十六年（前279年），燕昭王去世，他的儿子燕惠王即位。燕惠王一直对乐毅不满，等他即位后，齐国的田单就借此散布流言："乐毅攻打齐国5年，现在只剩下两座小城反而不打了是为什么？他明明是要做齐国的王啊。"燕惠王听到流言，根本不辨真伪，就派骑劫代替乐毅为将领，并召回乐毅。乐毅收到燕惠王的诏令，心知自己已遭到燕惠王猜忌，若再回燕国，必没有好下场，遂投奔了赵国。乐毅一走，便没有谁是齐将田单的对手了，田单轻而易举地在即墨城下打败骑劫，一路向北收复失地，并接齐襄王回都城临淄。

燕惠王追悔莫及，失去辛苦攻占的齐国土地不说，还担心乐毅帮赵国攻打此时疲惫不堪的燕国。于是他派人给乐毅送信道歉赔罪，又责怪乐毅辜负先王的深情厚谊弃燕而入赵。为此，乐毅回了封慷慨悲愤的《报燕惠王书》，针对惠王的指责和虚伪粉饰，不卑不亢地声明对先王的忠心及对燕惠王用人多疑的愤慨，并申明自己不为昏主效愚忠。但后来乐毅还是做了赵国和燕国两国的客卿，往返于两国之间，最终死于赵国。

《乐毅论》碑文
《乐毅论》是三国时期魏夏侯玄（泰初）撰写的一篇文章，文中论述的是战国时代燕国名将乐毅及其征讨各国之事。

> 前279年

田单乃收城中得千余牛，为绛缯衣，画以五彩龙文，束兵刃于其角，而灌脂束苇于尾，烧其端。凿城数十穴，夜纵牛，壮士五千人随其后。

——《史记·田单列传》

田单复国

对于燕国来说，复仇大业功败垂成令人扼腕叹息；然而对于齐国，却是绝地反击转危为安的一场漂亮战，一个人一座城带领全国百姓恢复一个齐国！

背景
乐毅合纵攻齐，齐惨败，只剩莒城、即墨两城

时间
前279年

使用计谋
反间计，使乐毅被燕惠王质疑，燕军将领换为骑劫，田单获得转守为攻的良机

主要战斗
火牛阵大破燕军

结果
田单打败即墨城外的燕军，又收复失地七十余城，光荣复国

田单
田单（生卒年不详），妫姓，安平(今山东淄博东北)人，战国时期齐国名将，中国古代杰出军事将领。

攻守两难，苦等良机

周赧王三十一年（前284年），燕国与秦、韩、赵、魏、楚合纵伐齐，齐军惨败，以乐毅为上将军的燕国大军乘胜追击，直打得齐国丢了首都临淄，齐湣王逃至莒邑（在今山东东南）。齐国只剩下两座城苦苦防守，一座是莒城，另一座是即墨（今属山东青岛）。而逃至即墨的齐国人中有一位了不起的军事家——田单，他在齐国存亡之际起了关键作用。

乐毅率领燕军接连攻下齐国70余座城池，但齐国最后的两座城却费时3年依然未果。乐毅明白攻城不可强攻，如果能取得民心瓦解其斗志，那么这两座城池也就不攻自破了。乐毅开始采取亲民政策，凡是路遇齐国难民就施于恩惠，严禁军队骚扰齐国百姓，废除了各项残暴法令，减轻赋税，来笼络人心。

就在这些亲

民举措渐渐深入民心,动摇齐国百姓即将大功告成之际,一直信任乐毅的燕昭王去世,燕惠王即位。燕惠王一直不喜乐毅。同时,即墨城内的大将军阵亡,必须有人能够带领即墨人与燕军作战。此时田单挺身而出,顺应民意,做了新的带领人。

巧用离间计

田单原只是名小吏,但有勇有谋。在乐毅攻打临菑前,他未雨绸缪,事先让大家把车轴用铁皮包好以备不测。乐毅带领大军攻占临菑时,这个办法果然派上了用场,因为车轴坚固,所以士兵都能顺利逃脱,他也开始崭露头角。在即墨守城将领阵亡后,大家一致推举田单为新的统帅。田单上任后就开始考虑如何打破胶着局面。他派人偷偷溜去燕国得到密报,新即位的燕惠王一直对乐毅不满,总担心他篡夺王位。于是田单想到一条妙计。

田单一边利用两军相持的时机,和军民同甘共苦,修建城垒,做好防御;同时他派人偷偷到达燕国四处散布谣言,说乐毅迟迟攻不下即墨是想在齐国称王。攻打即墨只是幌子,不想回去辅佐燕惠王,自立门户才是真正原因。燕惠王本就有此疑虑,一听到这种谣言,正好借此机会把乐毅召回,并让将军骑劫去取代乐毅。乐毅知道回到燕国必定凶多吉少,只好去了赵国。这一切正好中了田单的离间计,给了齐国一个绝地反击的好机会。如果没有燕惠王如此愚蠢之举,估计齐国就亡国了。

绝地反击,千古垂名

骑劫上任后,遵从燕惠王的意思,强取豪夺,要一举攻下即墨和莒城。之所以这两座城难以攻克,是因为齐国在春秋首先称霸于诸侯,论军事、论经济都是有基础的,所以并没那么简单。而骑劫有勇无谋,完全不了解真实战况。田单一边加强防御一边继续散布谣言到燕国,激励即墨城将士和百姓的斗志。他故意让人散布传言,齐国最怕被燕军抓去割掉鼻子,一旦燕割掉齐国战俘的鼻子,守城齐军定会吓破胆,举手投降。燕惠王竟单纯地信了并真把齐国战俘

《火牛破敌》
出自清末民初马骀《马骀画宝》。周赧王三十六年(前279年),齐、燕即墨之战中,齐国名将田单筹谋"火牛阵"围攻燕军。

的鼻子割掉游街示众了。燕军的残暴让齐国军民心生怒火，纷纷向田单请求出战。

田单眼看已成功燃起全城斗志，反攻的时机已成熟。但他仍然没有采取硬碰硬的方式，而是以退为进，先让老弱病孺站在城墙上防卫，藏起精锐部队，又派使者去见骑劫，谎称即墨城的百姓就要饿死，粮草殆尽，前来投降。为了使燕国相信投降的诚意，田单还特意送去了金银珠宝给燕军。骑劫喜出望外，因此战备松懈，只等着齐军投降。

燕军松懈不堪，而田单正紧锣密鼓地布阵应战，他收集了全城1000多头牛，给牛身上披上衣服，上面画满五颜六色的花纹，在牛角绑上锋利的尖刀，尾巴上系着浸透了油的苇束，牛群后面紧跟五千精锐将士，田单下令一旦冲城，留守城内的老百姓都要到城头敲锣打鼓，呐喊助威。在预定假降的头一天晚上，田单让人把牛队赶到城外，在牛尾巴上点上了火。1000多头牛被烧得发作起来，朝着燕军方向猛冲过去。而齐军的五千名"敢死队"则紧紧跟在后面，向燕军冲杀过去。这时骑劫和燕军都还沉睡在齐国要投降的美梦里，忽然听到一阵喊杀声、牛叫声，一时间天崩地裂、地动山摇，火牛与齐军一起杀向了防守松懈的燕军大营，燕军顿时溃不成军，死伤不计其数，主帅骑劫也死于乱军之中。

其他失守的城内百姓听闻田单已攻打出城，纷纷反抗，杀死燕军守卫，燕军兵败如山倒。田单率军将燕军逐出国境，尽复失地70余城。此时，齐湣王已被杀，他的儿子齐襄王居于莒城，田单将齐襄王从莒邑接回临菑，复了齐国。

田单攻狄城

田单复国后，进封安平君。之后，他继续用兵，想要进攻狄城（今山东淄博境内）。在此之前，他去拜见齐国人鲁仲连，鲁仲连是个很有谋略的人，他说："将军是攻不下狄城的。"田单不相信，说："当时我仅用一城之力就可以击退燕军，收复失地，何况现在？"说罢他转身离去，然后去攻打狄城，果然三个月都没有攻克。

田单百思不得其解，便又去问鲁仲连："此时我为什么连狄城也攻不下了？"鲁仲连说："将军从前在即墨，身先士卒，能够打败燕军，那是因为你置之死地而后生，而如今你有封地又可尽情享乐，已经开始怕死贪生，没有战死的决心怎么可能攻得下狄城呢？"田单心有所悟，回答说："我有决死之心，请先生等着看！"

次日，田单就重整士气，巡视城防，狄城终于被攻下了。

战国·彩漆高柄壶形器

2002年湖北九连墩1号墓出土,现藏于湖北省博物馆。酒器之一,弇口带盖,斜颈鼓腹,直柄,喇叭座。整体以黑漆为地,上绘凤鸟纹、卷云纹和绳纹。

前283年

相如曰："王必无人，臣愿奉璧往使。城入赵而璧留秦；城不入，臣请完璧归赵。"

——《史记·廉颇蔺相如列传》

蔺相如完璧归赵

虽说弱国无外交，但蔺相如却凭借自己的勇敢机智、沉着冷静既送去了和氏璧，又在秦王面前完美地拿回了和氏璧。虽得罪了超级大佬秦王，但还能被秦国以礼相待，全身而退，实谓智勇双全！

时间
前283年

起因
秦王索要赵国的珍宝和氏璧，提出条件是用15座城池换

出使者
蔺相如

结果
蔺相如识破秦王诡计，使手段带着和氏璧回赵国

蔺相如
蔺相如（生卒年不详），战国时赵国大臣，著名的政治家、外交家，他生平最重要的事迹有完璧归赵、渑池之会与负荆请罪这三个事件。

临危受命

从前，楚国有一块名贵的宝玉，名叫和氏璧。后来，这块玉璧落到赵惠文王手里，赵惠文王爱不释手，时常把玩。秦昭襄王听说赵王得到了和氏璧，想把这宝贝据为己有，一位臣子向他献计说："大王可以用15座城换这块玉璧！"秦王大吃一惊："用15座城换小小赵国的一块玉，真是岂有此理？"这个臣子又道："大王您也说了，赵国对我们来说属于弱国，一向害怕秦国，大王拿15座城换赵国的玉璧，赵王敢不换吗？玉璧送来，我们就扣留下，至于城池，只不过这么说说罢了。"秦昭襄王觉得这个主意不错，就派使者对赵王说，自己愿意用15座城池来换和氏璧。

赵惠文王慌了神，知道此事没那么简单，秦王绝对不会真的用15座城来换一块玉璧，但如果不答应，就可能得罪秦国，秦国有可能兴兵来打；但

如果答应,白白丢了玉璧,什么也得不到,等于是受秦国的欺辱,又怎能咽下这口气呢?赵惠文王召集群臣商议此事,大家都不知道如何办好。这时宦官缪贤向赵惠文王推荐了一个人,说派他去最合适,此人就是他的门客蔺相如。赵惠文王急忙召见蔺相如,问他如何处理这么棘手的事情,蔺相如对赵惠文王说:"大王,秦强赵弱,我们不得不答应这个要求。但是请放心,我带着和氏璧去见秦王,秦国若给城,我就送玉,否则我会完好无缺地把和氏璧带回。"赵王别无他人可选,也觉得蔺相如是个既勇敢又机智的人,就拜他为大夫,让他带着和氏璧去秦国了。

出使秦国

蔺相如带着和氏璧到了秦国,秦昭襄王在章台宫接见了他。蔺相如毕恭毕敬地把和氏璧呈给秦昭襄王,昭襄王接过来一看果然名不虚传,十分高兴,还让身边的大臣、妃子一起观摩把玩这块玉璧。听大家对和氏璧赞不绝口,秦王乐不可支,但迟迟不提割让15座城的事情。蔺相如站在旁边,等了很久,他知道秦王根本没有用15座城池换取玉璧的诚意,于是从容自若地走上前去,对秦昭襄王说:"大王,您有没有看出来,这块玉并不是完美无缺,还有一处微瑕,让我指给大王看。"秦昭襄王一

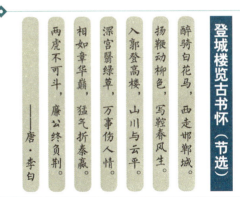

登城楼览古书怀(节选)

醉骑白花马,西走邯郸城。
扬鞭动柳色,写鞭春风生。
入郭登高楼,万事伤人情。
深宫翳绿草,
相如章华巅,猛气折秦嬴。
两虎不可斗,廉公终负荆。

——唐·李白

听和氏璧有瑕疵,信以为真,把玉璧交给了蔺相如。

蔺相如一拿到和氏璧,便后退几步高高举过头顶,身体靠在柱子上,气冲冲地对秦昭襄王说:"和氏璧是无价之宝,当初大王答应要拿15座城来换,赵国大臣纷纷劝说不能相信大王的话,可我却非常信任大王,普通老百姓还要讲诚信,何况您是秦国的大王!赵王这才派我把和氏璧送来和大王交换城池。可是我看大王拿在手里半天,各位大臣和妃子也赞赏不绝,而大王却绝口不提割让城池的事了。大王若是只想要玉不想割城,我现在就把自己的脑袋和这块宝玉一同撞碎在这根柱子上!"说着,蔺相如举起和氏璧,面对柱子,就要撞过去。秦昭襄王怕蔺相如真的把玉璧撞碎,只好使用缓兵之计,稳住蔺相如说:"大夫不要着急,我这就给你割城!"说着叫人把地图拿来,指着地图说:"从这儿到那儿,一共15座城,都划给赵国。"蔺相如并不相信,他知道秦王没有诚意,于是对秦昭襄王说:"赵王视这块玉非同寻常,因为

秦国邦县图

1986年甘肃天水麦积区党川放马滩秦墓出土，现藏于甘肃省文物考古研究所。木板地图，绘制时间在秦惠文王更元十年（前316年）至秦昭襄王八年（前299年）间。这是一幅典型的政区图，上北下南，详细描绘了战国时期秦国邦县境内的地形、水系、山川、聚邑、交通道路等自然和人文地理要素，文字标注全部按河流流向排列，由上游向下游顺序书写。图中的地名、水系名、山名、关隘名在古文献中几乎无一记载，它的发现成为人们研究秦国政区的原始资料，具有重大的学术价值。

要忍痛割爱拿来与秦国换城，特意斋戒了5天，并且举行了隆重的送行仪式。如果秦王同样珍视此玉，也应当斋戒5天，再举行接受仪式，我就把宝玉献上。"秦昭襄王见状不敢硬夺，无奈答应了蔺相如的要求，派人送他到驿馆休息。

完璧归赵

蔺相如回到驿馆后，立即叫手下人乔装打扮，偷偷把和氏璧从小路带回赵国。而自己留下来，等待应对秦昭襄王。

5天之后，秦昭襄王召集大臣，并邀请各国使臣，与蔺相如举行以城换玉的仪式。但蔺相如手里并没有玉。秦王脸色难看地道："我已经完全按照大夫的要求，斋戒5天，又举行仪式，玉璧怎么还不拿来？"蔺相如说："我素闻秦国向来不讲信用，担心被大王欺骗，所以已派人将和氏璧送回赵国。不过大王只要把15座城划给赵国，赵国就会马上奉上玉璧。如今秦强赵弱，大王割让了城池，赵国又怎么敢留下玉璧而得罪大王呢？我知道欺骗大王是死罪，情愿下油锅以赎罪。"秦昭襄王本想空手套白狼，如今计谋未得逞，还被蔺相如耍了一通，自然是怒火中烧，想要杀了蔺相如。但他转念一想，遂对众人道："杀了他不仅拿不到玉璧，还坏了我大秦国的名声，也会让两国从此变成敌国，还是好好对他，送他回国吧。"随后仍以礼相待，放蔺相如回了赵国。

后来，秦国舍不得把城池送给赵国，赵国也就没把和氏璧给秦国。

战国·玉耳杯

河南洛阳金村出土，现藏于美国弗利尔美术馆。椭圆形，双耳镂空，杯内壁光滑无纹，外壁琢阴线勾连云纹，隐起卧蚕纹，耳下饰兽面纹，足底饰阴线变形双鸟纹。洛阳金村的战国大墓在1928年至1934年曾被盗掘，出土的玉器多精美富丽、工艺精湛，但大部分都被卖到国外，代表了东周王室精美玉器的此杯就是其中之一。

蔺相如完璧归赵
清吴历绘。描绘战国时期赵国大臣蔺相如使秦,得知秦昭王无以城换璧之心,便捧和氏璧立于宫柱旁威胁秦昭王的情景。

> 前279年

廉颇蔺相如计曰："王不行；示赵弱且怯也。"赵王遂行，相如从。

——《史记·廉颇蔺相如列传》

渑池之会

对赵国而言，渑池会盟危机四伏。秦国本想借此羞辱赵王，显示大国威风，或趁机掳走赵王也不无可能，但结果却被一个不怕死的蔺相如打败，未讨到半分便宜。蔺相如再次在外交上华丽地抗衡秦国，为赵国挽回了面子。

时间
前279年

背景
秦国为积蓄力量，决定暂时缓和与赵国的关系

会盟者
秦昭襄王、赵惠文王

结果
秦王本想借机羞辱赵惠文王，以报前期被骗之仇，却被蔺相如机智地反击

廉颇脸谱
此脸谱属"六分脸"。六分脸是由"整脸"发展而来的，其特点是将脑门上的主色缩为一个色条，夸大眉形，白眉形约占全脸的十分之四，主色共占全脸的十分之六，故称。他的两道眉拧成一线上扬，有紧皱双眉之态，既让人看到他威严的相貌，也表现出了他郁闷的心理状态。

完璧归赵充分展现了蔺相如善于应对、有胆有识的外交才能，被赵惠文王拜为上卿。

第二年，即周赧王三十三年（前282年），秦国始终对和氏璧一事耿耿于怀，又找了个借口，指责赵不与秦联合攻齐，开始派兵攻打赵国。秦将白起攻占赵国一城，次年又发兵攻赵，但这次赵国损失两万多兵力，终于遏制住秦国的攻势。

秦见攻打赵国不成，为了积蓄兵力继续攻打楚国，转而要与赵国握手言和。周赧王三十六年（前279年），秦昭襄王派使者通知赵惠文王，要与他在西河外的渑池会面结盟。赵惠文王经过和氏璧一事，已对秦有所畏惧，不敢前往。

廉颇、蔺相如商量之后劝说赵惠文王："秦王约渑池相会，必有所图，但大王还是要去，不去只会让我们国家显出懦弱之气。"于是，赵惠文王这才敢前行，并有蔺相如陪同，但临行前依然做了最坏的打算。廉颇送到国境上，与赵惠文王约定说："大王此去来回最多30天，如果30天

到了你们还没有平安归来，我们就立太子为王，以防秦扣留您为人质要挟赵国。"赵惠文王点头，便和蔺相如及随从出发了。

赵惠文王等人到了渑池，秦昭襄王摆了宴席招待，酒过三巡后，秦昭襄王就开始找各种理由羞辱赵惠文王。他先是对赵惠文王说："听说赵王喜欢弹瑟，请弹一曲来给我听听。"赵惠文王不敢拒绝，只能在筵席上弹了一曲，秦昭襄王得意地叫过史官来，让史官写道："某年某月某日，秦王与赵王会饮，命赵王弹瑟，赵王弹之。"

蔺相如见赵惠文王受辱，就不卑不亢地走到秦王面前说："我也听说秦王擅长击缶，请秦王敲敲也来给赵王助助兴。"秦昭襄王大怒，断然拒绝。蔺相如仍不畏惧，捧着盆缶上前，跪着献给秦昭襄王。秦昭襄王仍是不敲。蔺相如厉声道："我现在和大王的距离不到五步，您要是不敲，我可要把脖子上的血溅到大王身上了！"秦王的侍卫看蔺相如如此冒犯，拔刀就要杀蔺相如，蔺相如转头瞪着他们，大声呵斥："谁敢向前一步！"吓得侍卫不敢轻举妄动。秦昭襄王看此形势，只得勉强在缶上敲了一下。蔺相如回头就叫赵国的史官也写道："某年某月某日，秦王为赵王击缶。"

秦国的大臣想继续刁难赵国人，对他们说："你们来与秦王相约，应当略表心意，送15座城给秦王作为结盟献礼。"蔺相如反击道："也请秦王拿出结盟诚意，把国都咸阳送给赵王作为献礼。"

直到酒宴完毕，秦国始终未能占赵国的上风。秦昭襄王不甘，想要在会盟的时候发动对赵国的进攻，但听说赵国在边境调集了大军提防秦国进犯，便不敢轻举妄动。最后，秦国只好与赵国结盟。

战国·对凤对龙纹绣浅黄绢面衾（复制品）

前279年

廉颇闻之,肉袒负荆,因宾客至蔺相如门谢罪。

——《史记·廉颇蔺相如列传》

廉颇负荆请罪

一个是能言善辩、胸怀坦荡的外交高手,一个是能征善战、性情耿直的汉子,虽因官位高低发生点龃龉争斗,但英雄一旦所见略同,即化敌为友,成生死之交。

矛盾双方
廉颇、蔺相如

时间
前279年

起因
蔺相如官位高于廉颇,廉颇不服气

过程
廉颇挑衅,蔺相如多次避让,终让廉颇醒悟钦佩

结果
廉颇负荆请罪,与蔺相如成生死之交,齐心保卫赵国

回车巷碑记
回车巷位于河北邯郸市区串城街南段,全长约75米,宽1.8米,相传战国时赵上卿蔺相如曾在此处为大将廉颇回车让路,故名蔺相如回车巷。此碑记记载了这段历史故事,并说明了立碑的原因。

渑池之会后,蔺相如因立下大功,即被赵惠文王封为上卿,位置在廉颇之上。

廉颇为赵国名将,可谓攻无不克、战无不胜,曾为赵国立下赫赫战功。如今,蔺相如仅靠耍耍嘴皮子就爬到他头上去了,廉颇内心十分不服:"我廉颇为国家流血流汗,是真正的功臣,他蔺相如凭什么官比我还高,出身又低贱,我要是遇到他,一定当面羞辱他!"

为了避免和廉颇撞见发生冲突,上早朝时,只要廉颇在,蔺相如都借故不去,这让廉颇更觉得蔺相如做贼心虚。有一天,蔺相如坐车出门,远远看见廉颇骑着马迎面过来,就赶紧让车夫拐进了巷子里,等廉颇走远了,才出来继续前行。蔺相如的手下感到非常憋屈,说:"我们是因为钦佩您的高尚品德才来投奔您的,如今廉颇将军与您官位相近,态度却如此蛮横,总是口出恶言,您竟然害怕他,还老躲着他,我们受不了这个气,只好向您告辞了!"

蔺相如听完，心平气和地对他们说："你们想一想，廉将军厉害还是秦王厉害？"他们说："自然是秦王了！"蔺相如说："秦王那么厉害，我都敢在大庭广众之下斥责他，我又怎么会怕廉将军呢？"大家面面相觑不明就里，蔺相如继续说："秦国强大，之所以不敢进攻赵国，那是因为有廉将军和我在啊。倘若我们俩闹不和，秦国必然趁机来打我们。我避着廉将军不与他正面交锋，不是怕他，是为了我们赵国啊！"

这番话传到廉颇耳中，让廉颇羞愧不已。他暗想，自己斤斤计较个人得失，却忘了国家安危。蔺相如有大局观念，也有大将之风，令他心服口服。为了弥补以往的莽撞，廉颇遂脱下战袍，背上荆条，亲自到蔺相如门上请罪。一见蔺相如，廉颇抱歉地说："我是个粗野卑贱的人，气量狭窄，比起你的宽宏大量，真是羞愧难当。今天特意前来为以往的不敬之处负荆请罪，也表达我对你的钦佩！"蔺相如连忙把他搀扶起来说："廉将军言重了。哪里用得着道歉，我早对廉将军钦佩不已！"从此他们成了生死与共的朋友，同心协力保卫赵国。

将相和
廉颇向蔺相如负荆请罪。战国时期，赵国大将廉颇与上卿蔺相如不和，蔺相如为了国家利益处处谦让，后来廉颇知道自己有错，便背上荆条上门请罪。

前279年—前278年

后七年,白起攻楚,拔鄢、邓五城。其明年,攻楚,拔郢,烧夷陵,遂东至竟陵。楚王亡去郢,东走徙陈。

——《史记·白起王翦列传》

秦楚鄢郢之战

楚国空有复仇之心,却只有被动挨打的份。秦楚一战,白起不过率领数万之众,便长驱直入,使楚国数百年的国都郢毁于一旦,可见楚国之衰弱,不仅是实力不如人的问题。

背景
楚国想要重新约定合纵,讨伐秦国,秦国先发制人

时间
前279年—前278年

地点
楚国境内邓、鄢、西陵、郢至竟陵等

参战方
秦国、楚国

双方指挥官
秦国:白起
楚国:楚襄王

结果
秦军获胜,楚都郢被攻陷,国力大损

白起铜雕像

楚国欲攻秦

楚国在楚怀王时期就被秦国夺去大片土地,后来秦昭襄王约楚怀王武关会盟,将楚怀王强行扣留在秦国为人质。楚怀王在秦国被拘押两年多,后逃跑未遂,终客死于秦国。

他的儿子楚顷襄王即位后,因楚国衰弱,无力与秦抗衡,不得不与秦国修好,表示服从于秦。周赧王三十四年(前281年),楚国有一位平民因射猎而闻名。他可以用很小的弓和很细的绳子,射中在空中飞的大雁。楚顷襄王听说后,感到很好奇,便连忙叫人把他找来,询问其秘诀。那个人见到楚襄王后,恭敬地说道:"我用小箭,射小鸟,不过是些小把戏而已,哪里比得过大王呢?大王注定是个要射杀秦国这只巨鸟的伟大人物啊!不过秦国如今这样强大,恐怕不是一朝一夕就能够缚住的啊。"此人原来是一位主张合纵的纵横家,故以此语来激楚顷襄王。

楚顷襄王一听便恼怒了,又想起

战 国

了自己的父亲楚怀王被秦国欺骗、客死他乡的惨况。于是，楚顷襄王决心复仇，重新利用苏秦的策略，联合齐国、韩国一起讨伐秦国。

先发制人秦攻楚

秦国一得到这消息便坐不住了，决定先发制人。周赧王三十五年（前280年），秦国派司马错带领10万大军，对楚国发起了进攻，并占领了黔中郡（今湘西及黔东北一带），同年，白起也向着楚国的边境大邑邓城（今湖北襄阳市高新区团山镇）发起进攻。楚国空有复仇之心，却无复仇之力，只得被迫割让上庸（今湖北竹溪东南）和汉水以北的土地献给秦国以求和。

在秦国对楚国处处进逼的时候，

白起渠
在今湖北省境内，又名荩忱渠，是战国时期的军事水利工程，是秦将白起率兵攻楚，为堵拦蛮河水灌楚鄢郢而开。因白起伐楚有功，秦王封他为武安君。战后，民用此渠灌田。

楚国也曾经集中兵力进行过一次大规模的反击，攻下了在秦国控制下的巴国。然而，战争胜利带来的快乐还没有散去，白起就又率军大举攻入楚国了。

周赧王三十六年（前279年），白起率数万秦军沿汉江东下攻楚，一路攻取沿岸重镇，掠取粮草以做补给，直捣楚国的政治统治中心。为了激发士兵们的斗志，白起在渡河后让人拆掉桥梁，又烧毁了船只，秦军一看后路都被自家将军断了，唯有与楚军决一死战，故每场战斗都奋勇拼杀。而楚军士兵都顾念家中老小，缺乏斗志，只有被动挨打、节节败退的份儿。

臭池与白起渠

鄢郢之战中,白起见鄢城久攻不下,便引水灌鄢。城中数十万百姓和士兵的尸体漂在水面上,臭气冲天,以致人们称这里为"臭池"。白起灌鄢的水,是从距离鄢城百里的南漳县武安镇蛮河上开沟挖渠引来的,后来,这条水渠被人们开发利用,成为一项水利工程,流水百余里,溉田数千顷,这条渠也被称为"白起渠"。东汉时期,南郡太守王宠在此基础上又开挖了木里沟渠,使灌区面积进一步扩大,宜城从此成为鱼米之乡。后来人们又把"白起渠"改称为"百里长渠"。

白起大军一路势如破竹,长驱直入,迅速攻到了楚国的都城"鄢郢"城外。鄢郢实际上是两个城池,郢(今湖北江陵附近)是主都,鄢(今河南鄢陵一带)是陪都,因为地位毗邻,所以一直以鄢郢连称。自周庄王八年(前689年)开始,郢都就一直是楚国的国都,到白起攻楚的时候,已经有几百年的历史了,它是楚国的政治和文化中心。可以这样说,鄢郢在楚国人民的心目中,已经是类似精神支柱般不可动摇的存在了。所以这一次,楚国几乎集中了全部的兵力,在鄢郢与白起会战。

秦国大军兵临城下,但楚军在秦军的强悍和白起的威名下不敢主动出击,只能严守鄢都,等着秦兵因为粮草断绝而主动撤退。

白起围攻了一段时间,发现毫无进展,便开始想其他的办法。他发现鄢都附近的鄢水有超过城墙的可能,便派出几千秦兵在离鄢城约一百里的蛮河筑坝拦河,又自这条汉江支流东西向秘密修筑了一条百里长渠,并将上游的正常水道堵住。这样一来,鄢水就源源不断地流到了鄢城下。随着水位的增高,鄢城东北角被冲开,大水迅速从缺口处灌进城内,很快就淹没了鄢城。数十万楚军和城中百姓被活活淹死,尸体漂浮在水面上,甚是恐怖。

白起攻下鄢城后,便将秦国的囚徒全部都迁到鄢城,并以鄢城为据点,准备进攻郢城。周赧王三十七年(前278年),白起率军进攻郢都。由于鄢城已破,楚国受到重创,短期之内再无力量组织反击,所以秦军攻城进行得尤其顺利。在拿下郢都后,白起毫不客气地将城中士兵和百姓全部杀光,又一

战国·长方漆盾牌

把火焚烧了楚国先王的陵墓和宗庙。

楚顷襄王迫于无奈，只能舍弃都城，一路向东北方溃逃至陈（今河南淮阳）。

白起回国之后，因战功被封为武安君。

楚国一蹶不振

在鄢郢之战中，本就衰弱的楚国受到了更沉重的打击，好不容易在江南一带站稳脚跟，收拾残余，但国力已大不如前。经此一役，楚国在诸侯国中的威望也被大幅度地削弱，彻底失去了和秦国争霸中原的实力。

鄢郢之战后，秦国占领了楚国洞庭湖周围的水泽地带、长江以南以及北到安陆（今湖北安陆、云梦一带）的大片土地，并在此设立南郡。这样一来，楚国向北方扩张的势头就被压制，此后，楚国的势力只是在长江以南的地区。

战国·龙凤蛇纹漆圆盒
2002年湖北九连墩1号墓出土，现藏于湖北博物馆。食器之一，圆口深腹，有盖，盖上浮雕8条相互缠绕的龙，器身至足又雕8龙、8凤、8蛇纹。整器透出楚文化独特的神秘感，龙、凤是楚人的图腾信仰，而蛇由于其死亡与祸祟的象征，对蛇的崇拜也成为楚文化中不可分割的一部分。

周赧王三十八年（前277年），白起再次攻楚，夺取了楚国的巫郡和黔中郡，给楚国带来更为沉重的打击。曾经叱咤风云的楚国从此一蹶不振，在往后和秦国的斗争中，也常常处于下风，再也无法和秦国相抗衡了。

战国四大名将

人名	出生年月	服务国籍	爵位	主要成就	死亡原因
白起	约前332年—前257年	秦国	武安君	平生大小70余战，没有败绩，为秦后来统一六国奠定基础	因攻赵君臣起隙，后被秦昭襄王赐死
廉颇	前327年—前243年	赵国	信平君	破齐、败魏、挫燕、御秦，以勇猛果敢闻名六国	老死于楚国
李牧	？—前229年	赵国	武安君	败匈奴、灭襜褴、破东胡、连却秦军	秦用离间计，使赵王迁派人斩杀
王翦	生卒年不详	秦国	武成侯	灭赵、燕、亡魏、楚，南征百越	病逝

前278年

屈原至于江滨，被发行吟泽畔。颜色憔悴，形容枯槁。渔父见而问之曰："子非三闾大夫欤？何故而至此？"屈原曰："举世混浊而我独清，众人皆醉而我独醒，是以见放。"

——《史记·屈原贾生列传》

屈原投江

屈原是典型的官二代，家教良好，嗜书如命，又才思敏捷，写诗引领风骚，改革引领浪潮，但这么一位既会写诗又有谋略并绝对忠于楚国的大政治家，一生被小人左右，堪称一部忠臣磨难史。

主角
屈原

出身
楚国贵族

悲惨经历
两次遭流放

主要诉求
忧国忧民，盼为楚王重用，振兴楚国

投江地点
汨罗江

投江起因
亲眼看着曾经兴旺的国家已经无望，爱恋故土，不愿苟活

投江时间
前278年

投江原因
以死明志，以身殉国

才华横溢，一心为楚

周显王二十九年（前340年），正月初七，屈原生于楚国丹阳（今湖北秭归），住在乐平里，这一日被认为是大吉之日。屈原出身于楚国贵族，自幼嗜书如命，故而博学多才。他是楚国浪漫主义诗人，又是楚辞的创立者，开辟了"香草美人"的传统，被誉为"中华诗祖""辞赋之祖""诗魂"等。这么文采飞扬的官二代，除了在文学方面具有超高造诣外，还是楚国重要的政治家。他明于治乱、娴于辞令，举贤能、奖耕织、禁朋党、反壅蔽、命赏罚、移风易俗，真是既能写诗，又能治国安邦。

屈原素有忧国忧民的情怀，20

屈原像
屈原（前340年—前278年），芈姓，屈氏，名平，字原。战国时期楚国诗人、政治家。"楚辞"的创立者和代表者，中国浪漫主义文学的奠基人，被誉为"中华诗祖""辞赋之祖"。

岁官拜楚国左徒，他眼见百姓深陷战乱，十分痛心，经常同楚怀王研究政事，拟定法令。屈原生活的年代正是战国中后期，七国杀伐，连年混战，秦国野心勃勃，楚国又政治腐败，诸侯国常受到秦国的欺压。在这种内忧外患的形势下，屈原积极辅助楚怀王，削弱贵族特权，减轻百姓负担，主张在国内改革政治，实施变法图强；在外联合齐国、赵国、魏国等抗秦。屈原全心全意为国为民，但楚国政权日益腐败，改革自然触动了旧贵族的利益，他这样一股政治清流注定要遭到排挤和打压。

《楚辞集注》书影
此书是研究楚辞的最佳善本。楚辞是屈原创造的一种赋体，运用楚地（今两湖一带）的文学样式、方言声韵，叙写楚地的山川人物、历史风情，具有浓厚的地方特色。

雄才大略，毁于小人

在楚怀王执政前期，屈原颇受楚怀王赏识和重用，官至左徒，促使楚与齐、燕、赵、韩、魏结成六国联盟（楚王为联盟领袖），制止强秦扩张，楚国的风头和实力一时大涨。但他遭到以靳尚和公子兰（楚怀王之子）为首的贵族们的嫉恨，他们时常在楚怀王面前挑拨离间，污蔑屈原不把楚王放在眼里。

周赧王二年（前313年），秦国一直想进攻齐国，但碍于以楚国为首的六国联盟的势力，不敢轻举妄动。楚怀王听信谗言、疏远屈原之际，正是秦国间谍张仪分崩联盟的最好时机。张仪便带了金银珠宝去贿赂靳尚和公子兰，公子兰将张仪引见给怀王最宠爱的妃子郑袖。公子兰在楚怀王面前栽赃陷害屈原去贿赂了秦国间谍，物证就是郑袖收到的张仪所送的白璧。张仪空口许诺只要楚秦联盟便奉上600里地，楚怀王听信公子兰的一面之词，便大摆酒席招待张仪，而贬斥屈原。这一年，屈原因小人污蔑第一次被流放汉北地区。

齐国退出六国联盟后，又被愚昧的楚怀王刺激，和秦国联盟了。楚怀王还被蒙在鼓里，等着600里地，谁曾想最后变成了六里。楚怀王大怒，先后两次兴师伐秦于汉北、楚古都丹阳（今河南西峡、淅川一带），但均被秦打败。

周赧王三年（前312年），楚国在蓝田大败于秦军，又遭韩、魏趁机偷袭，楚国军队畏惧，从秦国败回。此

天问图

《天问》是屈原著名的一篇代表作长诗,是屈原对于天地、自然和人世等一切事物现象的发问,想象瑰丽,内容奇绝。它表现了他对一些传统观念的大胆怀疑,以及他追求真理的探索精神。《天问》被誉为"千古万古至奇之作",也成为后世画家创作的题材之一。

时,楚怀王又念起屈原的好,召回屈原,让他出使齐国,目的是让齐、楚两国重新结盟。齐王虽十分愤恨楚怀王出尔反尔,但出于与秦国及其他列国关系的考量,又敬重屈原,遂答应撤回助秦攻楚的齐兵。可屈原还未返国,就听到秦、楚议和的消息。他担心楚怀王再遭算计,连夜奔楚,但公子兰、靳尚得知屈原回来后,再次诬陷屈原,使得他不能得到楚怀王的信任和重用。

放逐蛮夷,忧国忧民

周赧王六年(前299年),楚怀王听信公子兰等人之言,前往武关赴秦国之盟,不听屈原的谏言,结果被扣留武关,押到秦国做人质,于周赧王九年(前296年)死于秦国。楚怀王死后,太子横即位,即楚顷襄王。楚顷襄王也是一个莽撞无脑之人,曾和秦国官员发生冲突,居然一气之下将人杀了,惹下祸端。他即位后,继续重用公子兰、靳尚等人,让公子兰做了令尹,而自己只知在宫中吃喝玩乐,不过问国家大事。

此时秦军趁机入侵楚国,杀士兵,夺城池,一气呵成。而楚顷襄王只能一味求和,臣事于秦。屈原眼看楚国朝廷腐败,国家危在旦夕,忧心如焚。他不断写奏章,劝谏楚王远离小人,把希望寄托在第二任昏君身上。然而这些奏章都落在了公子兰手里,公子兰自然深恨屈原,又碍于屈原的声望,只好隐忍,等待时机下手,继续在楚顷襄王耳边煽风点火。楚顷襄王听信了公子兰的谗言。周赧王九年（前296年），楚顷襄王免去了屈原三闾大夫之职，将他放逐到长江以南楚国的边境。

不管两任楚王如何冤他、虐他、流放他，屈原仍心系楚国的安危，希望楚王有朝一日可以召他回国都，挽救楚国。

寄情诗歌，以身殉国

屈原第二次被流放时间长达十几年。秦国仗势强抢楚国的土地和人民，楚国人民虽辛苦劳作，但还是受冻挨饿，遇到天灾人祸，便是妻离子散，暴尸荒野。屈原眼见百姓疾苦，更加忧心忡忡，又苦苦等不到楚王召回，心情郁结。在此期间，屈原写了大量诗歌，以此来排遣心中苦闷，抒发对复兴楚国的愿望、对政治黑暗的痛恨和对百姓疾苦

九歌图（局部）·云中君

的关切之情。

屈原一生"正道直行，竭忠尽智"，一心要"振兴楚国"，却"信而见疑，忠而被谤"。周赧王三十七年（前278年），秦将白起攻克楚国郢都，楚国君臣仓皇逃走。被流放的屈原深知楚国大势已去，他绝望地徘徊在汨罗江边，不愿再苟活于世，遂抱石投汨罗江而死，以身殉国，终年62岁。

屈原和端午节

屈原投江的那天，是农历五月初五。周围百姓知道他投江后，自发地划船来打捞他的尸体，花费了大量的时间和船只，仍一无所获。最后大家就用苇叶包着糯米饭投进江中喂鱼，以此保全屈原的遗体。这种悼念活动流传下来，逐渐成为一种风俗，五月初五这一天也成为中国的传统节日——端午节。

屈原既是政治家又是浪漫主义诗人，务实和憧憬相碰撞，却遭遇十几年的流放生活，他空有一腔抱负而无处释放，遂有了著名的长诗《离骚》，有了《九歌》《九章》等著名诗篇。可以说，流放遭遇成就了他的诗歌造诣，也是他的诗人情怀促成他在看到楚国即将灭亡时的愤而一跃、以身殉国的壮烈。

九歌图

北宋佚名（旧传张敦礼）绘，现藏于美国波士顿艺术馆。画卷依据屈原的《楚辞·九歌》中的神话故事绘制而成，内容依次为东皇太乙、云中君、湘君、湘夫人、大司命、少司命、东君、河伯、山鬼、国殇等。东皇太乙，头戴冠，神情庄重，有侍女相随；大司命，掌管人生死离合寿命之神，能诛恶获善；东君，太阳神，是楚人祭祀太阳的颂歌；云中君为云神和雷神，端坐于华盖车辇之上，苍龙、众神和前引；湘君、湘夫人，湘水之神，她们头戴凤冠，长衣广袖；河伯，黄河之神，他盘腿坐于龟背上，一旁有巨龙相随；山鬼即巫山女神，腰束草裙，手持灵芝，骑于黑豹背上；国殇，是为国牺牲的人，他们身穿铠甲，手握兵器，勇猛拼搏。

战国

> 战国末年

（邹衍）如燕，昭王拥彗先驱，请列弟子之座而受业，筑碣石宫，身亲往师之。

——《史记·孟子荀卿列传》

邹衍谈天说地

邹衍的学说，以天象的变化比附人事，宣扬天人感应，虽然海阔天空、谈天说地，但他注重实用性，其学说服务当时的政治。他阐述的五行学说，成为中医等很多学科的理论基础。

主角
邹衍

尊称
邹子

国籍
齐国

主要作品
《邹子》《终始》《大圣》

主要成就
阴阳学派代表人物，创建五德终始说、五行学说、大九州说

五行学说，宣扬天人感应

邹衍（生卒年不详），战国末期齐国人，是五行学说的创始人。因他尽言天事，被当时的人们称为"谈天衍"，又称邹子。

邹衍学说的主要内容是天论及五行学说。他所创立的五行学说服务于当时的政治需要，这也是有别于其他学说的最聪明之处，其中最核心的一点就是建立于阴阳学基础上的"五德终始"说。

追溯到中华哲学文化盛行的早期，还没有五行之说，更没有五行相克的理论。邹衍最早提出五行学说以及五行相克，试图说明事物运动变化的普遍规律。

邹衍的"五德终始"说早就采用了辩证法，认为人类社会不是一成不变的，而是在不断的变化中完成历史的变迁。他认为天地之间亦有五行，五行按照五德（五行之德，金德、木德、水德、火德、土德）转移次序进行循环，五德转移又是按照自然界的五行相克的

济南泉城广场的齐鲁文化长廊浮雕群《圣贤史记图》之邹衍辩论

规律进行的。五行相克指的就是土克水、木克土、金克木、火克金、水克火。自然的变化遵循此规律,那么人类的历史变化也与自然界一致,同样受土、木、金、火、水五种物质元素支配。历史上众多王朝的没落与更迭都是按照这一规律发生的,并不是随机的偶然性。

邹衍认为国家的兴亡与否不是国君就能做主的,这也是自然规律,自有相生相克,有德居无德失。火德由水德来克,水德由土得来克,以此类推。邹衍以"五德终始"说来游说各诸侯,为齐湣王称东帝、燕昭王称北帝奠定了理论基础,后来秦始皇也用这套学说理论劝说子民服从他的统治。因此,邹衍在当时备受政界器重,游说时也受到极高的礼遇。魏惠王曾亲自到郊外迎接并行宾主之礼;赵国平原君也曾亲自为他拂拭席位;燕昭王则拿着扫帚清除道路为他做先导。

然而,邹衍提出的五行学说也存在一定的狭隘性,该论说之所以能服务于当时的政治,归根结底在于,他是用木生火、火生土、土生金、金生水、水生木五行相生的转化形式剖析发展规律,将最终的兴衰多归结于天意使然,自然能被齐王、燕王重用,也成了支持"君权神授"的理论框架,却忽视了在

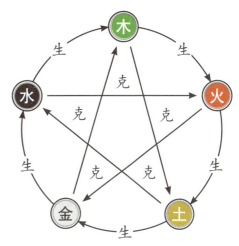

"五德终始说"

"五德终始说"是中国战国时期的阴阳家邹衍所主张的历史观念。"五德"是指五行木、火、土、金、水所代表的五种德性,"终始"指"五德"的周而复始的循环运转。邹衍常常以这个学说来为历史变迁、王朝兴衰做解释。

一场历史变革中存在的诸多社会和经济等其他因素,难免陷入迷信的泥沼。

大九州说,地理学的先驱

邹衍还有一个重要学说,即"大九州说"。"九"在古书中常被泛指多数,而不是现在所常说的确数。而邹衍的"大九州说",来源于他对世界的想象。

邹衍通过总结先秦时期的九州理论,辅以对当时地理知识的认知最终设想而成"大九州说"。他认为,所谓神州(中国)是九九八十一的"天

北京天桥西派皮影老生齐宣王
齐宣王(约前350年—前301年),齐国国君,妫姓、田氏,名辟疆,战国时代齐国国君,齐威王之子。

下"的一分，是海洋中的一块陆地，对内它有大禹刊定的九州（冀、兖、青、徐、扬、荆、豫、梁、雍九州），而九州之外，有海环之，海之外还有同样的神州大地，再外边"乃有大瀛海环其外"。简单来说，神州（中国）内的九州只是小九州，而神州之外还有同样的八个大州，这样连起来就是大九州，大九州才是整个天下。这就是"大九州"说。

这个理论完全是靠邹衍推断出来，大致符合今天世界大洲的景况，这是多么超前的眼界。虽然没有地理实践，但他已经想象到天外有天、地外有地、海外有海，中国只是海洋中的一块陆地，是世界的一小部分。

邹衍的"大九州说"在战国时代是惊世骇俗的，虽然他的学说带有方术色彩，但他被誉为中国地理学的先驱，毫不为过。邹衍对古代地理学的发展有相当大的贡献，他的学说反映了在战国时期，人们的眼界已经开始着眼于世界，这和当时齐国东临大海也有很大的关系，当时已经和日本、朝鲜等国有所往来。"大九州说"的提出，引起人们对海外世界的遐想。

盛极一时，难逃人生起落

齐宣王时期，邹衍就学于稷下学宫，创作了《终始》《大圣》等十余万言著作。齐宣王是一位野心勃勃的君主，誓要称王、称帝。邹衍的学说，正是为新的统治设计的政治方案，但是齐宣王的性情日益骄纵，侍奉这样的国君随时有掉脑袋的风险。彼时，燕国正招贤纳士为复仇做准备，一时间，各国人才争相趋燕，邹衍也在这个时候离开了齐国投奔燕国。

邹衍到燕国后的确得到了燕昭王的厚待，燕昭王甚至亲自为其扫地。邹衍入燕为官后体察民情，深得百姓爱戴。然而好景不长，燕昭王死后，燕惠王继位。此时燕、齐两国形势紧张，燕惠王又听信谗言，把邹衍逮捕下狱。等到被平冤之后，齐湣王已死，齐襄王继位，邹衍又回到了自己的家乡。

◆ 五月飞霜 ◆

燕昭王为了更好地治理国家，并不介意用齐国来的有能力的人。邹衍入燕后，受到燕昭王的厚待礼遇。但是燕国有一部分人对此不满，到了燕惠王执政时，便有人对燕惠王说邹衍的坏话，说他是齐国人，不忠于燕，不为燕国出力，等等。燕惠王不同于燕昭王，对先朝旧臣多不信任，于是听信谗言，将邹衍逮捕下狱。当时正好是五月天，邹衍蒙冤，仰天而哭，突然天降大风霜。于是，大家都觉得这是一桩冤案。后来，燕惠王也觉得把邹衍关进大牢肯定是违背了天意，冤枉了他，就把邹衍放了。

战国·玉舞人佩

单体呈站立姿态，发式简单，脑后长辫；一袖上扬，一袖卷曲下垂，腰部束宽带，长裙左衽，曳地下收，下有一孔可穿系。有沁蚀痕。现藏于美国弗利尔博物馆。

> 战国末年

饰人之心，易人之意，能胜人之口，不能服人之心。

——《庄子》

天下第一辩手公孙龙

公孙龙堪称诡辩鼻祖、天下第一辩手，著名的"白马非马"论就是他提出来的。滔滔雄辩的言辞、娓娓道来的傲然姿态，再匪夷所思的命题，他也能推演得顺理成章，令人瞠目结舌。

主角
公孙龙

国籍
赵国

生卒年
前320年—前250年

职业
辩士

主要成就
名家学派代表人物

著名论述
白马非马论、离坚白

代表作品
《公孙龙子》

公孙龙像
公孙龙（生卒年不详），字子秉，战国时期赵国人，名家离坚白派的代表人物。能言善辩，曾为平原君门客。提出了著名的"离坚白""白马非马"等命题，有著作《公孙龙子》。

春秋战国时期，百家争鸣，涌现出无数杰出的思想家、哲学家，而在诸多贤人之中，公孙龙以诡辩脱颖而出。他是赵国人，凭借能言善辩成为平原君的门客和斗嘴军师，凡是只能动嘴不能动武的地方都有公孙龙的身影。他善于雄辩，能舌战群儒，他提出的"白马非马"论让人无可奈何又无言以对。

相传，秦国因马疫肆虐禁止赵国马匹过关。公孙龙骑着一匹白马来至函谷关，关吏拦住道："人可以过关，马不能过关。"公孙龙淡定地辩解道："马者，所以名形也；白者，所以名色也。名形者非名色也。故曰：白马非马。"他的意思是"马"指的是动物，"白"指的是颜色。而"白马"就代表的是一个动物加一个颜色，马、白、白马三者各代表不同的意思，表示他骑的白马不是马，可以通过。他这番强词夺理的辩说，让关吏晕头转向，目瞪口呆，总觉得哪里不对，但又说不出来哪里不对，只好放他和白马过关去了。通过这番小小的辩解，公孙龙深厚的诡辩功力可见一斑！

除去白马非马著名论说，公孙龙还有一个著名论述：离坚白。意思是说一块坚硬的白石，如果只用眼睛看，只能看到白色，而感觉不到它的坚硬，但是如果蒙起眼睛只用手摸，又只能感受到石头的坚硬，而感觉不到石头的白色，所以世界上只有白石和坚石，没有坚白石。又是一番合情合理的奇葩论断，令人拍案叫绝！

孔子的后人孔穿听说了公孙龙白马非马的传奇故事，内心不服，借着学习的名义来挑战其辩论的功夫。孔穿见到公孙龙就说："我不赞同先生的'白马非马'之论，你要是愿意放弃此论，我会心甘情愿拜你为师。"

没想到孔穿这么简单的一句话，不得了了，被公孙龙的辩词"杀"了个片甲不留。公孙龙回应他：第一，你既然要向我学习，我的长处就是"白马非马"论，你既要向我学习，又要我放弃我所能教的东西，这不是自相矛盾吗？第二，打算向别人学习自然是觉得有不如人的地方，但是你向我学习反而先教我，让我放弃我具有的东西，你都来做我的老师了何必又向我请教，背理乖谬；第三，既然孔子"楚人非人"的批驳有意思，我的白马非马又有什么

《公孙龙子》书影

1918年傅增湘双鉴楼影印道藏刊本。《公孙龙子》是战国后期思想家公孙龙的著作，原14篇，现仅存6篇。其中《白马论》所提出的"白马非马"论，以及《坚白论》所提出的"离坚白"两个命题，是公孙龙思想的精华。

不对呢？两个相同的论题，你肯定一个，否定一个，这又自相矛盾了不是？

孔穿只发一言，就被公孙龙滔滔不绝的反驳震到哑口无言。

公孙龙靠诡辩辅政，常常能直击要害。周赧王三十二年（前283年），秦国和赵国联盟，说好相互援助。但是不久，秦国就去攻打魏国了，赵国反而去帮魏国。秦王就责备赵惠文王不遵守盟约。本来就是事实，但公孙龙却倒打一耙，他给平原君建议说："你去责备秦王，我们援救魏国，他却攻打魏国，是他们违背了盟约。"

周赧王五十八年（前257年），秦国攻打赵国，围攻邯郸。平原君派人向魏国求救，邯郸得救。之后，虞卿为平原君向赵王请封。公孙龙即刻跑去向平原君分析此举不可行，指出"王举君而相赵，割东武城而封君者"并不是因为平原君的才智能力有多强，而是因为平原君是赵王亲戚，计国人之功于亲戚名下，不可受封。平原君听从了公孙龙的建议，从此更加信任他。

> 前271年

王稽遂与范雎入咸阳。拜范雎为客卿,谋兵事。卒听范雎谋,使五大夫绾伐魏,拔怀。

——《史记·范雎蔡泽列传》

范雎入秦

能忍辱负重者常能置之死地而后生,范雎一介小小门客,蒙受不白之冤,受尽折磨与屈辱,差点丧命。但终是让他逃魏入秦,有如龙游大海,找到了施展才华的舞台。

主角
范雎

职业
政治家、纵横家

侍奉国家
魏国→秦国

入秦原因
被魏国宰相魏齐以为私通齐国,将其毒打

入秦援手
魏人郑安平、秦人王稽

主要成就
提出远交近攻策略,促秦成帝业

封爵
应侯,官至丞相

死里逃生

范雎(?—前255年),字叔,战国时魏国人,著名的军事家、谋略家。

起初,范雎在魏国中大夫须贾门下做一名门客。某日,须贾因事出使齐国,范雎也陪同在侧。当初魏国曾帮燕国攻打过齐国,后齐国重整旗鼓,魏安釐王担心齐国伺机报复,于是就让须贾等人在齐国逗留几个月,但无果而终。当时的齐国国君齐襄王是个爱才之人,得知范雎口才很好后,就专门派人给范雎送去了黄金、牛肉、美酒等大礼,但范雎心知不妥,一再推辞,不敢接受。最后,范雎推辞不掉,便只收下了牛肉、美酒等食物,把黄金送了回去。

回到魏国后,须贾得知此事,认为范雎一定是出卖了魏国的秘密,所以齐襄王才会如此厚赐他。须贾恼怒不已,又十分嫉妒范雎,便将此事报告给了魏国的宰相魏齐。魏齐听说此事,大发雷霆,命令自己

战国韩·"屯留"方足布
战国时期韩国货币,"方足布"是指"布币"的裤足较为平直方正,故称。

的近臣惩罚范雎，用鞭子狠狠地抽打他，将范雎肋骨打断，牙齿也打掉了。

当时，范雎忍受不住，只好装死。魏齐见范雎已然死去，就找人把他扔在了厕所里。当时宴饮的宾客都喝醉了，看到范雎，都跑到他身旁肆意侮辱他，范雎痛不欲生，却只能默默忍受。到了晚上，范雎对看守说："若您能放我走，范雎日后必定重谢。"

看守看范雎可怜，便有意放走他，看守向魏齐请示："席子里的死人发臭了。"而当时魏齐也喝得酩酊大醉，也没细想，随口说了句："将这厮扔出城外。"

就这样，范雎得以逃脱。魏齐酒醒后后悔把范雎当作死人扔掉，就派手下搜寻范雎。魏国人郑安平遇到了逃跑中的范雎，他感念范雎含冤，于是就带着范雎一同逃跑了。就这样，范雎死里逃生，改名更姓，从此唤作张禄。

巧言觐见

在范雎流离失所的日子里，秦昭王派遣使臣王稽出访魏国。当时正是周赧王四十四年（前271年），郑安平于是找了个机会，假装差役去侍候王稽。

王稽看到郑安平，问他："魏国可有贤能之才愿陪同西行？"

郑安平回答说："魏国有一位张禄先生，才气极高，也十分愿意同大人您交流。不过，这位先生有仇人，不敢在白天里出来。"

范雎脱厕报仇
出自《新镌陈眉公先生批评春秋列国志传》插画，描绘了范雎被侮辱的场景。

王稽说："这样的话，那就让他在夜里同你一起来吧。"

夜里，郑安平带着张禄来拜见王稽。两人交谈甚欢，王稽认定范雎是难得的贤才，便对他说："先生如此，请在三亭冈的南边等着我。"

之后，王稽完成出使任务，赶回秦国，并悄悄带走了范雎。回到秦国后，王稽向秦昭王报告了出使情况，又趁机向秦昭襄王举荐范雎："魏国先生张禄，是天下难得的能言善辩之士。他说'秦王的国家处境危险，若采用我的方略便可安全。但需面谈不能用书信传

范雎像

范雎（？—前255年），字叔，战国时期魏国人，著名政治家、军事谋略家，秦国宰相，因封地在应城，所以又称为"应侯"。范雎本是魏国中大夫须贾门客，因被怀疑通齐卖魏，差点被魏国相国魏齐鞭笞致死，后在郑安平的帮助下，易名张禄，潜随秦国使者王稽入秦。入秦后，帮助秦昭襄王蚕食诸侯，成就帝业。失去宠信后，辞归封地，病死于此。

达'。因此我把他载到秦国来了。"

然而，一开始秦昭襄王并不相信这样的话，只让范雎住在客舍里，给他粗劣的饭食吃。但范雎并不抱怨，只耐心等待。这一等，就是一年。

秦国穰侯魏冉，是秦昭王母亲宣太后的弟弟。穰侯当时担任国相，在宣太后的庇护下，他的家私甚至超过了国库。穰侯担任秦国将军，又想要越过韩国和魏国，去攻打齐国，想凭借此来扩大他在陶邑的封地。

因为这件事，范雎上书启奏秦昭襄王，他说："我听闻，圣明的君主懂得洞察国事成败，认为对国家有利的就实行，有害的就要立马舍弃。而我要

战国韩·"十八年世子"青铜戈
春秋战国时期韩国，1971年河南新郑出土，现藏于中国国家博物馆。

说的至深话语，或许会被人当做把柄，因此不敢写在书信上。想来，必定是我愚笨而不符合大王的心意吧？倘若不是这样的话，我希望您能赐少许游览观赏的空闲时间，让我拜见您一次。只听一次，假若我说的没有道理，我请求伏罪接受死刑。"

秦昭王当时正在烦恼，读了这封书信后，心中大喜，向王稽表示了歉意，派他用专车去接范雎。

语激昭王

范雎到了宫门口，心生一计，他假装不知道自己所走的路是内宫的通道，就大肆摇摆地往里走。宦官见此情景发怒，驱赶范雎，说着："大王来了！"

范雎知道秦昭襄王来了，就故意乱嚷着说："秦国哪里有王？秦国只有太后和穰侯罢了。"

秦昭襄王走过来，听到这番话，心想此人一定非同一般，就请范雎上车。知道他就是给自己写信的人后，秦昭襄王让近臣退下，向范雎长跪请教道："我本人愚笨，能受到先生的教诲，是上天恩赐我！但愿从此以后，先生能够毫无保留地教导我。"

范雎对秦昭王说："现在的局势，已经可以看出这韩国和魏国并不友

善，穰侯却要越过韩、魏两国去进攻齐国。与其如此，大王不如结交远邦、攻伐近国，这样攻取一寸土地就成为您的一寸土地。楚国强大，您就亲近赵国；赵国强大，您就亲近楚国。这样一来，楚国、赵国都亲附您，齐国必然会恐惧。齐国一旦恐惧，必定会低声下气，愿意效忠秦国。齐国一旦亲附秦国，韩、魏两国便也乘势可以收服了。"

秦昭襄王说："虽然我也早就想亲近魏国，但魏王变化无常，让人不敢亲近。"

范雎回答道："大王可以先送厚礼来拉拢它，不得就割让土地收买它，再不得就寻找机会发兵攻打它。"

秦昭襄王听后觉得很有道理，于是赐给了范雎客卿的官职，同他一起谋划军事。

出谋划策

范雎在秦国有了一席之地，开始劝说秦昭王拉拢韩国。

范雎称，只要发兵攻占荥阳，那么韩国就会被分割，韩国也就不得不对秦国言听计从。秦昭襄王听后也觉得有道理，就决定采用这个计谋。

范雎逐渐取得秦昭襄王的信任，也慢慢地积攒着自己的力量。

某天，范雎请求与秦昭襄王商议国家大事，他说："如今，宣太后独断专行而毫无顾忌，穰侯出使国外从不报告。现在的秦国，从小乡官到各个大官吏，甚至是大王的左右侍从，没有一个不是相国穰侯的亲信。大王在朝廷里孤单一人，恐怕不是一件好事。您所看到的是天下王土，但在您身后，拥有秦国的恐怕就不是您的子孙了。"

秦昭王听罢，惊恐万分："您说得有道理。"于是，秦昭襄王按照范雎的计策，削弱了宣太后和贵族的实力。不久后，秦昭襄王收回了魏冉的相印，又让泾阳君、高陵君等人到关外去。最后，秦昭襄王逼宣太后养老，不再让她参与朝政。

至此，秦昭襄王任命范雎为相国，将应城封给范雎，封号应侯。

战国韩·"令狐君嗣子"青铜壶
1927年河南洛阳出土，现藏于中国国家博物馆。

前269年

二十九年，秦、韩相攻，而围阏与，赵使赵奢将，击秦，大破秦军阏与下。

——《史记·赵世家》

赵奢阏与胜强秦

在与秦国争锋中，赵国数次落败，但阏与之战却是少有的一场漂亮的翻身仗。面对强秦进攻，赵奢独具慧眼，主张出战迎敌。之后，他故意示弱，让秦军放松警惕，再以迅雷不及掩耳之势占据制高点，狠挫秦军。

时间
前269年

起因
赵国与秦签订交换三城协议后反悔

原因
秦想利用范雎"远交近攻"的战略，吞并韩、魏，但对于北方的赵国有所忌惮，遂借机打击赵国

交战双方
秦军；赵军

双方将领
赵奢；胡阳

双方计谋
秦军在武安诱敌试探；赵奢将计就计，故意示弱，然后迅速行军，占据高地

结果
秦军大败

意义
秦国受到重大挫折，向东兼并的意图受阻

初露锋芒

赵国自赵武灵王进行胡服骑射改革以来，军事力量日益强大。西退胡人，北灭中山国，一下子从合纵阵营里默默无闻的小角色升级为"战国七雄"之一。

周赧王二十一年（前294年），赵惠文王即位，他励精图治，任用贤才，不仅拜乐毅为相，又起用廉颇于行伍之中，更是将蔺相如从一个宦官的手下提拔为上卿，逐渐形成了赵国人才济济的局面。赵国的另一员大将赵奢，便是在这样的背景下被提携起来的。

赵奢本来是赵国的田部吏，主要负责税收事宜，执法公正无私，绝不包庇。这一天他来平原君家中收租，平原君府上的人仗势欺人，对赵奢百般阻挠，偏偏赵奢也不是好欺负的主儿，一声令下，便依法处置了平原君府上的主事者九人。

战国四君子之一——赵国平原君

广名将传

> 赵奢田吏,原不临戎。
> 秦国阏与,其势甚雄。
> 赵欲往救,颇牧乘同。
> 奢独膺之,两鼠穴中。
> 将勇者胜,因备折冲。
> 久淹不进,忽尔猝攻。
> 妄谏者死,善谏者容。
> 北山先据,故成大功。
> 廉蔺并列,马服受封。
> 徒读父书,兵变不通。
> 长平坑卒,母已先供。
> 朝廷选将,慎勿名从。
> ——明·黄道周

平原君听说了此事,大发雷霆,便带着家兵家将扬言要杀掉赵奢,没想到赵奢却毫不畏惧,振振有词地说道:"君为赵国的公子,权势恒赫,家大业大,怎么不明白国与家的关系呢?法无例外,如果您带头不遵守法令,那么还有谁会遵守呢?如果大家都不遵守,法令自然就会被削弱,国法一旦削弱,国家就会衰弱;国家一旦衰弱,哪里还有能力抵御其他国家的进攻呢?如果赵国亡了,那您还怎么保持现在这样的尊贵地位呢?为君计,莫如奉公守法,按时纳税,如此才可给全国人民做表率。只有上下公平合理,人民才会信服,国家才会强盛,赵国的统治才会更加巩固。一旦赵国强大起来,您作为贵戚,又何愁得不到天下人的敬重呢?"

平原君听了这番道理,不禁对赵奢肃然起敬,认为他是一个可塑之才,所以不但没有杀掉赵奢,反而把他举荐给赵惠文王。

周赧王四十四年(前271年),赵奢被任命为治理全国赋税的总管。赵奢管理全国的赋税后,国家赋税因之公平合理,百姓富裕,国库充实。好则好矣,但赵奢身上表现出了文职官员少有的威猛,赵惠文王考虑再三,便对赵奢说:"既然你如此爱好动武,不如派你带兵打仗吧。"就这样,赵奢成为一名将官,走向了战场。

阏与之战

且说此时秦国采纳魏人范雎"远交近攻"的策略,想要先攻打韩、魏两国,占据中原枢纽之地,但又忌惮北方赵国的存在,遂寻机攻打赵国。周赧王三十四年(前281年),秦国出兵,攻占了赵国三座城池,赵国将公子郚送到秦国为人质求

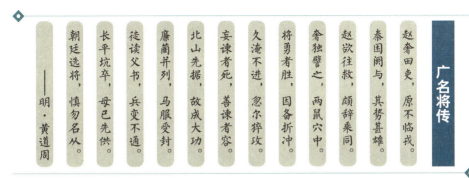

赵奢像
赵奢(生卒年不详),嬴姓,赵氏,名奢。赵国将领,战国时代东方六国的八名将之一。

和，并与秦签订以焦、黎、牛狐三城交换之前被攻占三城的协议。但之后，赵国反悔，未履行这项协议。

周赧王四十六年（前269年），秦昭襄王以赵国不履行协议为由，派将军胡阳越过韩国，率大军攻打赵国的战略要地阏与（今山西和顺）。因为从赵国的都城邯郸到阏与地形逼仄，周围都是大山，赵惠文王便急召名将廉颇、乐乘等，询问是否可救，但两个人均认为邯郸至阏与的道路崎岖险阻，不适合大军团作战，而且阏与离首都较远，不构成威胁，因此不赞成救援。赵惠文王又询问赵奢，赵奢认为，虽然道路狭险，不利于作战，但对秦军也是如此。在同样劣势的情况下，哪一方勇猛哪一方便会取得胜利。正所谓"狭路相逢勇者胜"。于是，赵惠文王便命赵奢为将，率军救援阏与。

赵奢率大军出发了，谁知道大军刚出邯郸30里，就开始筑垒扎营，赵奢还传令军中："有敢于谈及军事者，一律斩首。"秦军一部进屯武安（今属河北邯郸）西面，击鼓呐喊，想诱赵军援救武安，但赵奢不为所动，而且立斩一名要求救援武安的士兵。

就这样，28天过去了，赵军仍然驻守原地。秦

战国赵·直刀
赵国原本是铸行布币的国家，迁都邯郸以后，受燕、齐和中山国的影响，也开始铸行刀币。因体形近直，略有弧度，人称"直刀"。

军派了一个侦察兵潜入赵营探听虚实，被赵国士兵抓获后，赵奢不仅没有处罚他，还好吃好喝地招待他，并把他放了回去。侦察兵回去后，立即把赵军情况告诉统帅胡阳。胡阳大喜，认为赵奢惧怕秦军，不敢救援，所以便放松了对他们的警惕，准备集中精力攻向阏与。没想到这时候，赵奢突然传令军中，拔营起寨，火速奔往阏与。在疾驰36小时后，赵军顺利赶到距阏与城50里处筑垒设营。被抛弃在武

战国秦·半两
方孔圆钱最早铸造行于战国秦，半两的钱体较大，较为厚重，制作朴拙浑厚，内外无郭，背平素，正面文字高挺，古篆字体，多为阴起文。

安的秦军得知消息后,如梦方醒,也连忙调集兵力前往阏与。

然而,赵军虽然提前赶到,但远离后方,孤军奋战,情况仍然不乐观。这时候,赵奢营中有一名从军犯人许历说:"在这种狭窄的地形上,谁占据了制高点谁就获胜,阏与战场北山是最高点,我们应该抢先去占领。"赵奢点头称是,于是派精兵猛将和大量弓箭手迅速占领了北山。果然,秦军赶到阏与后,也迅速前往北山,但是为时已晚。赵奢下令朝山下放箭,猛击秦军,秦军死伤无数。随后赵军又从山上杀出,秦军大败,只得丢下漫山遍野的尸体,仓皇逃离。阏与之围遂解。

赵奢回国后,因功被封为马服君,地位与廉颇、蔺相如同列。而那个曾提建议的许历也一下子从军犯跃升为国尉。

战国赵·三孔布
山西平朔出土,现藏于中国国家博物馆。战国时赵国流通的货币。

赵奢论兵

齐国大将田单通过大摆火牛阵复兴齐国,第二年出任齐国丞相。一次,田单遇上赵奢,说:"我并不是不佩服将军的兵法,只是不赞成将军每次作战都用那么多兵,过去帝王之兵,所用者不过3万,天下就服了,但是现在将军每次都要用10万、20万的兵,会不会太多了?"赵奢反对田单的看法,他认为田单不是真正懂得用兵之道。于是便向田单详细阐述了时势变化同作战方式、战争规模相互之间的关系。他说:"以前四海之内有很多国家,城池虽然大,也不过300丈,但是现在一个城池便有7000丈,时势已经和以前不同了,所以战争的形式和规模也必须有相应的改变。你看齐国用20万兵力攻荆,5年才攻下,赵国以20万兵力攻中山国,也用了5年。今天,齐国和韩国实力相当,如果进攻的话,难道以3万的兵力就能攻下吗?用3万的兵围城,不足围城一角,用于野战,不足以实行包围,那你该怎么办呢?"赵奢的一席话,让田单喟然叹息,表示诚服。

▶ 前266年

子义闻之曰："人主之子也，骨肉之亲也，犹不能恃无功之尊，无劳之奉，而守金玉之重也，而况人臣乎？"

——《战国策·赵策》

触詟智劝赵太后

虽说忠言逆耳利于行，但在劝谏时还是要学会变通。触詟此次可以说是为忠臣进谏做了一个榜样，先旁敲侧击，再引入正题，从一个母亲的角度为太后打算，从而成功地说服了太后，解决了赵国的危机，可谓十分高明。

进谏者
触詟

被说者
赵太后

起因
秦攻赵，赵求援于齐，齐要赵长安君为人质，赵太后不许

方式
旁敲侧击，从自身疼爱儿女的角度谈起，又以赵太后之女燕后作比

结果
成功说服赵太后，解赵国之危

战国赵·"蔺"尖首刀

国难当头，触詟觐见

周赧王四十九年（前266年），赵惠文王去世，孝成王即位。由于当时孝成王年纪太小，还无法治理国家，便由他的母亲赵太后摄政，掌管国家事宜。赵惠文王在位时，秦国因忌惮赵国的实力，不敢贸然进攻，此番看到赵国正值政权交替之时，在国家内政和对诸侯国的外交方面都有很多困难，便决定趁火打劫，乘机大举攻赵，一连攻下了赵国的三座城池。

赵国形势危急，只好向临近的齐国求救。齐国答应出兵，但提出一个条件：赵太后必须将孝成王的弟弟，也就是长安君送到齐国为质，齐国才肯出兵相救。其实这是当时诸侯国结盟后一个不成文的规定，为了迫使对方遵守诺言，就必须让对方国君把自己的家属或者亲信送来当抵押，相当于人质。一旦双方违背诺言，送去的人质就会被关押，甚至被处死。所以说，做人质是很危险的，因此这也被看作是对国家的一项伟大贡

献。秦王嬴政的父亲异人就曾做过人质。

都说母子连心，长安君是赵太后最宠爱的小儿子，所以赵太后坚决不同意将其送到齐国为质。眼看着秦国军队一天天逼近赵国，赵国危在旦夕，大臣们都很担心，又没有别的办法，于是就极力劝谏赵太后，请她答应齐国的条件。可是太后爱子心切，任凭大臣们磨破了嘴皮子就是坚决不同意。来劝谏的大臣一个接一个，赵太后被逼急了就把他们全都轰出来，还气冲冲地对左右侍臣说："以后谁再来劝我把长安君送去当人质，我一定不饶他！"

左师触詟得知这个情况后，决定亲自出马，进宫觐见赵太后。赵太后猜想触詟肯定也是来劝谏的，便气冲冲地等着他。那时触詟年纪已经很大了，腿脚不便，走路一瘸一拐，就慢慢地迈着小步，到太后面前谢罪："老臣的腿脚不利索，行动不便。所以已经很长时间没来拜见您了，请您原谅。但是微臣又实在担心太后的御体，所以此番特地进宫来看望您。"

战国赵·青铜武士像
1955年山西长治分水岭出土，现藏于中国国家博物馆。此武士着铠甲和战靴，但双手上举，下有基座，应为饰件。

> **金圣叹点评**
>
> 此篇琐笔碎墨，于中最为小样；然某特神会其自首至尾，寸寸节节，俱是妙避"长安君"三字。其文浅深，一一俱有至理。其乃都在笔墨之外，政未易于琐碎处尽之也。

太后见他蹒跚着走来，又是一副拉家常的样子，心中的怒气顿时消了一半，说道："我也老了，这身体也大不如前了。"触詟又问："那您的饮食如何？可吃得下？"太后说："没什么胃口，每天就只喝点粥罢了。"触詟说："老臣近来也不想吃饭，就强迫自己散步，每天走几里路，累了的话食欲才会好些，身体也硬朗了一些。"太后叹了口气，说："唉，我可做不到啊，哪还有那个闲心散步？"就这样，触詟开始和太后说起了家常话，太后也在不知不觉间消了气，脸色稍微和缓了。

巧转话锋，劝谏成功

慢慢地，触詟转开话题，说："老臣此次前来，还有一事相求。我有个最小的儿子，名字叫舒祺，太不成器，可是

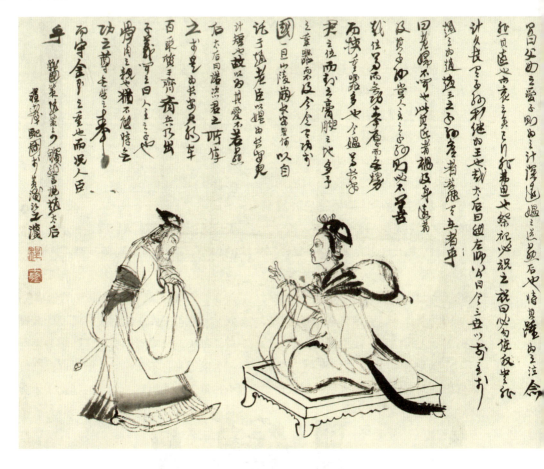

触詟说赵太后图

现代名家程十发配图。图中文字是《触詟说赵太后》原文,选自《战国策·赵策四》。

臣已经衰老,不能时时照拂他了,偏偏又最疼爱他,所以冒昧请求太后,希望让他补充黑衣卫士的人数,来保卫您的安全。"

太后问:"他的年龄有多大了?"触詟回答:"15岁了。虽然还小,但臣想在死之前将他托付给太后,这样我也就能安心闭眼了。"太后纳闷地说:"你们男人也疼爱小儿子吗?"触詟答道:"当然啊,我们可是比你们女人更疼爱小儿子的。"太后笑着摇摇头说:"我看不见得,还是我们妇道人家更疼爱自己的小儿子啊。"触詟回答:"可是老臣认为,您爱燕后超过爱长安君。"

太后说:"这你可错了,我对燕后的疼爱远远不如长安君。"触詟说:"父母爱子女,都会为他们做长远的打算。您送燕后出嫁时,她上了车您还在为她哭泣,直到现在您每每想起还是会流眼泪。每逢祭祀您也一定会为她祈祷:一定别让她回来啊。您这难道不是从长远考虑,希望她子孙世世代代都能坐拥许多土地和财宝，这样就非常危险了。所以他们的地位不稳固，很容易受到别人的攻击。现在太后宠爱长安君，把肥沃的土地封给他，赐给他大量的宝贝，却不让他趁您健在时建功立业。试问一下，一旦您去世之后，长安君又凭什么功劳在赵国立身呢？这难道不是重蹈赵国先祖的覆辙吗？如此说来，您还是更疼爱燕后啊。"

赵太后听完这一番话之后，猛然醒悟，不禁为长安君的未来担忧。于是说道："您说得对。那长安君的去留，就听凭您的安排吧！"

长安君于是到了齐国做人质。齐国接待了长安君，这才出兵援救赵国。秦国的军队撤退后，赵国的危险就解除了。

做燕国的君主吗？"太后点点头说："这样说的确很有道理。"

触詟接着问："赵国现在已经有两百多年了，您从现在算往上推三代，赵氏先祖的旁系子孙现在还有人在侯位的吗？"太后摇摇头，触詟又问："不仅赵国没有，其他国家有吗？"太后说："这倒没有听说过。"

触詟感叹道："您知道这是为什么吗？这是因为这些被封侯的都是继承父辈传下来的爵位，他们地位尊贵，却没有立过什么功劳，俸禄丰厚，却没有为国家做什么贡献。既没有能力，却又

赵国简史

档案分类	内容
性质	周朝诸侯国
国君之姓	嬴姓，赵氏
爵位	侯爵（前325年称王）
国都	晋阳（山西太原） 中牟（河南鹤壁） 邯郸（河北邯郸）
始封国者	周威烈王
创始年	前403年
始祖	赵烈侯赵籍
灭亡年	前222年
亡国之君	赵王迁
灭亡原因	为秦国所灭
史书记载	史记（卷四十三·赵世家）

> 前264年

昭王四十三年，白起攻韩陉城，拔五城，斩首五万。

——《史记·白起王翦列传》

秦韩陉城之战

秦国素来善"闪电战"，攻城以快、准、狠闻名。陉城之战中，秦国大军势如破竹，以迅雷不及掩耳之势占领了韩国，这如一道闪电划过六国上空，使其余各诸侯纷纷感受到了秦国致命的威胁。

时间
前264年

地点
陉城（今山西临汾曲沃东北）

参战方
秦国、韩国

主要指挥官
白起

结果
秦国大胜，拔五城，斩首五万

白起
白起（？—前257年），又称公孙起，战国时期秦国郿县（今陕西眉县常兴镇白家村）人，秦国将领、军事家。白起在秦昭王时征战六国，为秦国统一六国做出了巨大的贡献。与廉颇、李牧、王翦并称为战国四大名将，位列战国四大名将之首。

周赧王四十四年（前271年），魏人范雎因为受到相国魏齐的迫害，入秦效力于秦昭襄王。不久，他提出了著名的"远交近攻"战略，得到了秦昭襄王的赞同与赏识，这让秦国的对外政策来了个一百八十度转弯。以往秦国一直秉承着张仪外连横斗诸侯的策略，即联合韩、魏一起对抗楚、齐等大国。但如今，大国势力已经衰弱，新兴的赵国也与秦国实力有一定差距，秦国的目的已经不仅仅是打倒一两个强大的国家了，而是有效地打击六国。这时候，范雎提出的"远交近攻"便是为秦国量身定做的。

所谓远交近攻，便是先结好离秦国最近的韩、魏，再与稍远的赵、楚进行平衡外交，赵强则联楚，楚强则联赵。等这些国家都与秦国交好后，距离最远的齐国自然也会事秦。一旦齐国依附，便过河拆桥，首先对韩、魏下手。

秦昭襄王听闻这个计划不禁拍案叫绝,当即任命范雎为客卿,参与军政要务。由于魏国长期遭秦国掠夺,已经没有领土与秦国接壤,而秦韩两国距离最近,疆界相互交织,所以秦国便首先从韩国下手。韩国之前被白起多次攻打,国力早就衰弱了,所以秦昭襄王命令白起再度兴兵,准备一举拿下韩国。

周赧王五十年(前265年),秦军攻占了韩国的少曲和高平(今属山西晋城)。次年,白起再次出击,率领军队围攻住韩国的陉城(今山西曲沃东北),陉城之战正式打响。在韩国还沉浸在与秦国结盟自保、苟延残喘的美梦时,白起率领部队早已浩浩荡荡开进韩国。猝不及防间,大军已经兵临城下。

弱小的韩国怎会是秦军的对手,他们军心已乱,根本不知道如何抵抗。韩国的军事布防也是不堪一击,不久便被白起强悍的军队打得落花流水。紧接着,陉城等5座城邑都被秦军攻下,5万韩军将士被白起带领的秦军悉数歼灭。顿时,朝野上下乱作一团。

值得一提的是,在白起攻城前,范雎提出了"毋攻其地而攻其人"的军事思想,即减少攻城略地,而将主要精力放在歼灭敌人的有生力量上。以消灭敌军为主,占领敌城为辅,这可为秦以后的攻打减少阻力。该思想与白起一贯的作战目标不谋而合,最后大获全胜。

陉城之战惨败,使韩国国力更加一蹶不振。而吞并六国的首战告捷,也大大增强了秦国军队的信心,使秦国诛灭六国的野心日益高涨。其他的诸侯国看到秦国动动手指,便让韩国瞬间遭灭国之灾,都纷纷感到了秦国的威胁。秦国此战,可谓达到了威慑六国的作用。

屯城村牌楼
屯城村隶属山西阳城润城镇。屯城村因春秋战国时白起屯粮而得名,明代后期为防御李自成,曾修筑坚固的城堡,该村现仍存有金代的建筑东岳庙。该牌楼上"屯城"二字出自明代官宦王国光的笔迹。

> 前260年

七月,廉颇免而赵括代将。秦人围赵括,赵括以军降,卒四十余万皆坑之。

——《史记·赵世家》

长平之战

在这场秦、赵之间的世纪大战中,赵国从一开始就被秦国牵着鼻子走,范雎算准了赵王的急于求胜和赵括的刚愎自用,于是便通过舆论施加压力,使赵国换将,最终使赵国输得一败涂地。

时间
前260年

地点
长平(今山西高平西北)

起因
秦国想要吞下韩国的上党,上党太守冯亭将其献给赵国,秦国大为恼火,秦赵大战一触即发

交战双方
秦国、赵国

双方主要指挥官
秦国:王龁、白起
赵国:廉颇、赵括

结果
秦胜赵败,40多万赵军被坑杀

意义
长平之战大大削弱了赵国的力量,为秦国统一天下创造了有利条件。此战也是中国古代军事史上最早、规模最大、最彻底的围歼战

"烫手的山芋"——上党

赵国自赵武灵王进行胡服骑射改革以来,一跃成为三晋中最强的国家。至赵惠文王时期,更是名将云集,对外战役胜多负少。秦国采用"远交近攻"的策略,首先攻魏,然后转向韩国。周赧王五十三年(前262年),秦国攻打韩国的野王(今河南沁阳);周赧王五十五年(前260年),秦国进而攻打上党(在今山西东南部),截断了上党郡与韩国本土的联系。

韩国迫于秦军压力,不敢出兵救上党,于是干脆顺水推舟,撤掉原太守韩锺,改派冯亭为太守,让冯亭将上党献于秦国以求和。冯亭到上党后,被上党百姓抗秦的热情所感染,于是就想出了一个计

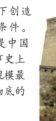

赵武灵王丛台
河北邯郸丛台公园。赵武灵王丛台是用于观看歌舞和操演军事的高台,是"胡服骑射"的发生地。

策：将上党的17座城池献给赵国，向赵国这棵大树寻求庇护。

冯亭派遣使者到赵国说明了意图，赵孝成王因为贪图小利便派兵接收了上党。秦国听闻此消息之后，大为光火，随即派出秦国左庶长王龁带领秦军大部队杀到上党。赵国因上党守军不足，只得向后退却，到了长平（今山西高平西北）才与廉颇带领的45万援军相遇。

于是，战国史上最大规模的战役就这样拉开了序幕。

廉颇固守，陷入僵局

秦、赵双方在长平相遇后，王龁首先对赵国军队发动进攻，结果赵军首战失利，两个重要的城池都被秦军攻占了。廉颇吃了点秦军的苦头，便转换策略，利用长平有利的地形，在长平城附近的山地筑起围墙，以守代攻，任凭秦军屡次挑衅，都坚决不出去应战。

面对防守严密的赵军，王龁束手无策，只能面对着赵军安营扎寨，做长期作战的打算。

廉颇准备用以逸待劳的方式挫杀秦军的锐势，然后等待有利时机再出击。素来善于闪电战的秦军这一次久攻不下，即将面临粮草不足、士气低落等问题。主将王龁不禁为此感到深深的忧虑。

战场上陷入僵局，朝堂上的斗争却在紧锣密鼓地进行。秦国大军压在赵国边境，赵国的朝廷此时也分成了两派——主战派和主和派。主和派楼昌认为赵王应该向秦国进献重礼企求和平。而主战派虞卿等人却认为赵国应该派遣使者携带珍宝去楚、魏两国，以获得他们的帮助。如果三家协力，不愁秦军不退。

赵孝成王也是个敢做不敢当的主儿，没有过多地权衡考虑便选择了向秦

白起台

周赧王五十五年（前260年），长平之战尘埃落定，赵军惨败，40多万军卒投降，白起说："赵人反复无常，如果不杀掉他们，恐怕以后还会再生事端。"于是，白起假意受降，以欺骗的手段，命人将赵国的降兵全部坑杀，只留下240名未成年的士兵，放回赵国。

如今，在山西晋城高平市王何村与王降村之间，有一条高大的土岭，岭上有个荒凉的土堆。当地传说，长平之战结束后，赵军的尸体被堆成一座山丘，若干年后，肉体腐烂，只留下一堆白骨，如同一座高台。为了让后人记住此台的制造者，所以将这里称为"白起台"。

国卑躬屈膝,他采纳了楼昌的建议,派郑朱先去秦国求和。

秦国早就看破赵国的意图,为了麻痹赵国,表面上答应求和,并大摆筵席款待赵国的使者,但实际上却是为了破坏各国的联合策略。果然,魏、楚两国得知赵国已经投入了秦国的怀抱,便打消了合纵的念头。而秦国在客客气气地送走了赵国使者后,在长平战场上对赵军施加了更大的压力。

空降赵括

长平之战久久僵持不下,范雎又心生一计,派间谍到赵国上下散布流言说:"廉颇已经老啦,过不了多久肯定要投降,秦国现在最害怕的是赵奢的儿子赵括。"范雎早就知道赵国邯郸有一个喜欢纸上谈兵的将门子弟赵括,在赵国十分有名,但在他眼里不过是个空有军事理论的秀才罢了,如果能让这个人成为赵军的主帅,那么长平之战的胜利就有望了。赵孝成王本来就对廉颇坚壁不出的行为不满,曾几次责备廉颇胆怯,不敢出战。听到此番谣言后,他竟然信以为真,不顾蔺相如和赵括母亲的谏阻,决定立即派赵括去接替廉颇为主将。

赵括是赵国名将赵奢的儿子,从小学习兵法,论兵事有时候连父亲赵奢也辩不过他,但赵括缺乏战场经验,不懂得灵活应变。赵奢死前特地嘱咐家人,不要让赵王重用赵括,因为赵括过于自傲,缺少稳重。赵奢说:"他若做一员小将,或许可以身先士卒,但一旦统领大军,便极有可能贸然进攻,这是十分危险的啊。"所以当赵孝成王要重用赵括时,他的母亲便上书给赵孝成王,极力劝阻赵孝成王任命他为将军。但赵孝成王仍然一意孤行。

就这样,范雎"钦点"的赵括便统率援军来到长平,接替廉颇为主将。

内蒙古包头石拐区阴山山脉中战国赵北长城遗址和赵武灵王提倡"胡服骑射"地

白起用计,赵军惨败

赵括做了长平主将后,便立即下令全军出击。与此同时,秦昭襄王在得知赵括代替廉颇担任主将后,便偷偷更换白起为秦军上将军,改命王龁为副将,并令军中严守秘密。

40万赵军浩浩荡荡地向秦军压来,白起命令秦军先头部队佯装战败溃退。赵括吃到一点甜头后,不问虚实就向秦军的阵地追击,一直攻到秦军加固的壁垒前,无法攻入,正准备撤退时,却被白起预先命令埋伏下的秦军阻拦,而留守的赵军想去营救又被秦军的另一只精锐骑兵驱赶回来。白起命令秦军从两翼打击赵军,赵军抵挡不住,最后被压缩在一个长条地带,粮道断绝,与后方的联系也被切断,赵括无法突围,只好就地筑垒坚守,等待援军。

然而,七七四十九天过去了,外无援兵,内无粮草。赵括孤注一掷,将剩余的赵军组织成多个突击队,轮番强攻,但仍然不能突围。于是,赵括不顾一切地率领精锐部队亲自出战,结果在秦军阵营前被乱箭射死。赵括阵亡后,40多万将士全部投降,白起为了歼灭赵国有生力量,除了释放240名未成年战俘外,将其余人全部坑杀。这也是战国史上最残酷的一次屠杀。

长平之战结束,赵国受到了致命的打击。赵、秦两强抗衡的格局就此结束。

尸骨坑

2009年山西晋城永录乡村民在地里干活时发现,尸骨坑内层层叠叠,形态各异,有的头骨上还有箭头和钝器、刃器、石块造成的创伤等。尸骨有仰面的,有侧面的,有俯身的,有头与躯干分离的。长平之战中秦将白起屠杀赵国降卒40余万,成为古今中外战争史上最为残酷的杀害战俘的一次战役。

长平吊古

此地由来是战场,
平沙漠漠野苍苍。
恒多风雨幽魂泣,
如在英灵古庙荒。
赵将空余千载恨,
秦兵何意再传亡?
居然词字劳瞻拜,
不信骷髅亦有王。
——明·于达真

前257年

门下有毛遂者,前,自赞于平原君曰:"遂闻君将合从于楚,约与食客门下二十人偕,不外索。合少一人,愿君即以遂备员而行矣。"

——《史记·平原君虞卿列传》

毛遂自荐

以三寸之舌,强于百万之师,当赵国命悬一线时,毛遂勇敢自荐,随平原君出使楚国,并促成了楚、赵合纵。毛遂的这份才华和胆识,着实令人敬仰,千年来仍然传为美谈。

主角
毛遂

职业
平原君门客

主要成就
说楚合纵

死因
被迫挂帅,败于燕而自杀

成语典故
毛遂自荐、脱颖而出

毛遂雕像
毛遂(前285年—前228年),战国时期赵国人,今河北鸡泽毛官营村人,为赵公子平原君的门客。他自荐出使楚国,促成楚赵合纵,声威大震,并获得了"三寸之舌,强于百万之师"的美誉。

邯郸之危,毛遂自荐

长平之战的第二年(前259年),秦王又派兵围攻赵国都城邯郸。赵国在经过半年的休整后,变得异常团结,他们坚守城池,顽强抵抗,秦国攻了一年多还是攻不下来。战争就这样在僵局中挣扎,秦国攻不进去,赵国也无法击退秦军。

到了周赧王五十八年(前257年),已经是邯郸之战的第三个年头,赵国军队死伤越来越多,粮草也即将告罄,国家到了危急存亡的关头。赵孝成王急得团团转,就把自己的弟弟平原君找来想办法,平原君也正在筹划邯郸解围的事情,他对赵孝成王说:"我们现在只好向楚国和魏国求救了。我决定亲自去一趟楚国,争取说服楚王,让他派兵解邯郸之围。"

平原君回到家里后,把门客召集起来,说:"此次去楚国事关国家存亡,不可大意,我必须从你们中间挑选出最有能力的20个人一同前往。"但平原君精挑细选,最后还是缺了一个人。本着宁缺毋滥的原则,平原君打算带上这19人出发,正要离去时,突然有一个门客跑到他的面前道:"国难当前,大丈夫岂能坐视不理,在下毛遂,愿跟随公子出使楚国求救兵。"平原君愣了片刻:"先生你也是我的门客吗?"毛遂答道:"我做公子的门客已经三年了。"平原君道:"一个真正的人才,应当像口袋中立着的锥子一样,尖端会立即显现出来。先生在我府中待了三年有余,我都未曾听人称颂过你的才干,想必是这方面还有所欠缺。所以先生你还是老实待在家里吧。"毛遂从容地回答:"今天的毛遂就是囊中的锥子!要是早有这样的机会,我早就脱颖而出了。"平原君听后,便勉强收下毛遂,率领这20个门客突围出城,前往楚国。

毛遂自荐浮雕
位于河北邯郸丛台广场。

楚廷脱颖,赵楚约纵

到了楚国,平原君不敢怠慢,第二天太阳刚刚升起,便上朝与楚王商谈请救兵事宜。

楚国当政的是楚考烈王。楚考烈王早就被强秦吓破了胆,哪还敢与秦国作对,便严词拒绝道:"如今秦国强盛,六国都不能抵挡。而且秦与楚刚互通友好关系。我若出兵,不就是背信弃义吗?所以还是算了吧。"就这样,直到中午,任凭平原君磨破嘴皮子,楚考烈王就是不肯答应出兵。

毛遂等20人在朝堂下等候,眼见日上中天还没有结果。毛遂按捺不住了,于是手握剑柄,拾阶而上,走到平原君与楚王的议事大厅,对平原君说:"联合抗秦的必要,三两句话就应该说清楚了,为何谈到现在还没有说定?"

楚考烈王见有人直闯朝堂,出言不逊,感到被冒犯,于是高声喝道:"本王与你家主人谈话,哪里轮到你说话?"毛遂按剑向前:"合纵是天下的事,天下人都能谈论,你我现在相距仅

战国·曾侯乙联禁铜壶

1978年出土于湖北随州曾侯乙墓,现藏于湖北省博物馆。古时用于盛放酒器的铜禁之上放着一对铜壶,衔环蛇形钮壶盖,饰勾连纹的镂孔盖罩,壶颈两侧各有一攀附拱屈的龙形耳。两壶内壁均铸有"曾侯乙作持用终"铭文。铜禁有四兽足,兽口部和前肢衔托禁板,后足蹬地。铜禁出土不多,迄今为止国内外仅见4件。整体器型稳重大方,工艺精湛,为中国青铜器中的精品。

十步,在这十步之内,我随时都能取你的性命!"楚考烈王吓得心惊胆战,连忙缓和神色道:"先生息怒,有什么话想说就说吧。"毛遂放下剑,开始侃侃而谈:"楚国方圆五千里,拥兵百万,绝对可以成就霸业。然而,秦国只是派了区区几万部队兴兵伐楚,一战就攻克了首都鄢郢,不仅焚烧了夷陵,连祖先宗庙也被他们毁坏。这样的奇耻大辱,我们都替楚国羞耻,大王却能够这样心安理得,不以为意,这样对得起楚国的列祖列宗吗?联合攻秦,说是为了赵国,难道不也是为了你们楚国吗?那秦国的野心早已六国皆知,赵国灭亡了,楚国也不会长久,可是若楚、赵两国合纵成功,便能在邯郸城下消灭秦军精锐,重振楚国威风,大王你还犹豫什么呢?"

毛遂这番话说出了楚国祖先蒙受的耻辱与当前的危局,楚考烈王再也无法推辞。毛遂见楚考烈王有所动容,便乘机问:"大王,合纵抗秦的事情可以定下来了吗?"楚考烈王回道:"诚如先生所言,秦国让楚国祖先蒙受耻辱,本王不可坐视不理,愿举国相从,与赵国携手对付秦国。"而后,毛遂便让楚考烈王左右的人取鸡血、狗血、马血来。毛遂双手托住铜盘,跪献楚王:"大王是纵约长,请先饮此血!"

楚、赵在朝堂上歃血结盟,便意味着两国联盟正式生效。楚王立即派楚国公子春申君带领楚兵去解邯郸之围。不久,魏国也出兵援赵,秦军撤退,邯郸之围得解。

平原君圆满地完成了任务,不禁对毛遂称赞道:"先生居我门下三年,我竟未能识得先生才能,真是有眼无珠啊。先生于楚朝堂之上,豪气冲天,不仅促成合纵,且大长赵之威风,真是三寸之舌,强于百万之师啊。"回到赵国后,便拜毛遂为上客,百般器重。

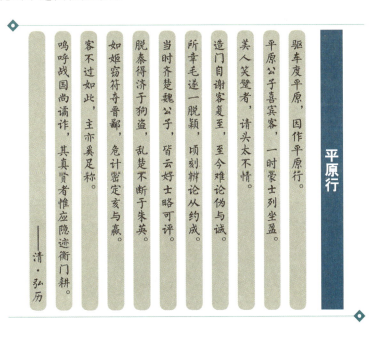

平原行

驱车度平原,因作平原行。
平原公子喜宾客,一时豪士列坐盈。
美人笑矍者,请头太不情。
造门自谢客复至,至今难论伪与诚。
所幸毛遂一脱颖,顷刻辨论从约成。
当时齐楚魏公子,皆云好士略可评。
脱秦得济于狗盗,乱楚不断于朱英。
如姬窃符夺晋鄙,危计密定亥与嬴。
客不过如此,主亦奚足称。
呜呼战国尚谲诈,其真贤者惟应隐迹衡门耕。
——清·弘历

> 前257年

鲁仲连曰:"梁未睹秦称帝之害故耳。使梁睹秦称帝之害,则必助赵矣。"

——《史记·鲁仲连邹阳列传》

鲁仲连义不帝秦

君子喻于义,小人喻于利!齐人鲁仲连在赵国危难时挺身而出,坚持正义,不仅说服魏国使者打消劝赵国尊秦为帝的念头,让秦国称帝的野心破灭,而且在邯郸之围得解后,又拒不受赏,其品质之高洁不禁令人感叹。

主角
鲁仲连

国籍
齐国

职业
说客

游说对象
魏国使者辛垣衍

代表作品
《鲁仲连子》14篇

主要成就
义不帝秦;说赵、魏两国联合抗秦;助田单复兴齐国等

鲁仲连
鲁仲连(生卒年不详),又名鲁连子、鲁仲子、鲁连,战国时齐国人,思想家、政治家和外交家。曾就学于稷下学宫,由于他的游说技巧卓越,有著名的"义不帝秦"辩论。

挺身而出

长平大战后,赵国受到重创。秦国趁热打铁,继续向东挺进,围困住赵国都城邯郸达3年之久。周赧王五十八年(前257年),赵孝成王在派平原君向楚国求援的同时,亦向魏国发出求救信。魏安釐王立即派出魏国最著名的将军晋鄙营救赵国。秦国闻此信,非常紧张,于是威胁魏安釐王道:"不管你们魏国救不救,赵国已经是秦国的囊中之物了。至于要不要为了一个已经救不了的国家搭上你们的国家,你们自己好好思量吧!"

秦国这么一恐吓,魏安釐王犹豫了,连忙派人告诉正在前往赵国的晋鄙,到了赵国边境的时候,先按兵不动,等候我的命令。于是魏国前来救援的大军就驻扎在汤阴(今属河南安阳),任凭赵国如何苦苦哀求,都不肯继续向前。

魏国的将军辛垣衍对魏安釐王进言:"秦国之所以

这么着急地攻打赵国，肯定是有原因的。先前秦国一直与齐国争霸，如今齐国已经大不如前，唯有秦国可以称霸天下，秦国这次围攻邯郸，并不只是图谋这座城池，最重要的是为了让其他国家惧怕，从而尊他为帝。如果我们派使者去赵国奉劝他们尊秦王为帝，秦王肯定高兴，就会退兵了。而我们也避免了战争，这样不是很好吗？"魏安釐王觉得他说得很有道理，便派辛垣衍偷偷进入邯郸，通过平原君见到赵孝成王说明了意图。赵孝成王犹豫不决，不知道如何是好。

这时候，齐国的鲁仲连游历到赵国。他听说了此事，认为这样不是上策，就去见平原君，问道："这件事您计划怎么办？"平原君说："前不久，赵国刚损失了40万大军，精锐尽失，眼下秦军又围困住邯郸，我们实在想不出什么好的办法让秦军退兵。魏王派辛垣衍前来规劝，让赵国尊奉秦昭王称帝，这是国家大事，大王都不能决断，我做臣下的哪里有主意呢？"鲁仲连说："魏国的辛垣衍在哪儿，请您为我引见一下。"平原君仿佛看到了希望，便忙不迭地答应了，即刻安排鲁仲连与辛垣衍会面。

游说魏使

辛垣衍知道鲁仲连的来意，却还是故意问道："不

《古风》其十

齐有倜傥生，鲁连特高妙。
明月出海底，一朝开光曜。
却秦振英声，后世仰末照。
意轻千金赠，顾向平原笑。
吴亦澹荡人，拂衣可同调。
——唐·李白

知先生找我有何事？"鲁仲连说："请不要让赵尊秦王为帝。"辛垣衍道："那先生您要如何解赵国之围？"鲁仲连说："我会去劝说魏国和燕国前来相助。"

辛垣衍大笑道："其他国家我不敢说，我本人就是魏王派来的使臣，先

战国魏·桥足布与方足布

战国时期魏国流行的货币。桥足布平首，方肩或圆肩，双足以弧裆相连，形若桥拱而名，因上多刻有记重单位"斩"字，故又称"斩布"。方足布则流行的诸侯国比较多，两足成方形，裆平，种类繁多，是中原地区流通的主要货币形式。

生您要如何说服我帮助赵国？"鲁仲连说："你们魏国之所以犹豫，是因为没有看到秦国的暴虐。秦国素来毫无诚信，只是个崇尚战功的国家，他们对待百姓，就像对待奴隶一样。如果让秦国称帝并且统治天下，我宁愿跳进东海去死。难道你们魏国甘愿被秦国统治吗？"

辛垣衍答道："魏国自然不愿。"鲁仲连继续说道："就像一个人有十个奴仆，奴仆侍奉主人，难道是因为才智比不上他吗？当然不是，是因为害怕他啊。魏王和秦王，不正是如此吗？"辛垣衍说："魏国确实不敢与秦国为敌。"鲁仲连又继续说道："既然这样，那你们就等着秦王让人把魏王剁成肉酱吧。"

辛垣衍一听，气愤地说："先生你这样说话太过分了！秦王怎么能让人把魏王剁成肉酱呢？"鲁仲连说："为什么不能？从前，九侯、鄂侯、文王是殷纣王的诸侯。九侯有个女儿很漂亮，进献给殷纣王。可是她却不愿意服侍纣王，于是纣王一生气就把九侯剁成了肉酱。文王听说这件事，只是叹了口气而已，殷纣王就把他囚禁在监牢内百日。难道这三个诸侯的智力不如纣王吗？为什么和人家同样称王，最终却落到被剁成肉酱的地步呢？如今，秦国兵强马壮，有万辆战车，魏国也是万乘大国，又都有诸侯王的名分，如果称秦王为帝，哪一天惹秦王不高兴了，魏王必然也会落得像九侯他们一样的下场。而且

秦国的野心必然是不断膨胀的，一旦称帝，便会更换诸侯的大臣，把不喜欢的人罢免，全部换上他所喜爱的人，还会让他的子女与诸侯通婚，到了那时，满朝都是秦国的亲信，秦王的子女也会随时监视诸侯，魏王又怎么能够平安生活呢？如果连魏王都不知道自己的未来是怎样，何况将军您呢！"

义不受赏

辛垣衍听完鲁仲连的话，握紧拳头，再也坐不住了，他站起来，对着鲁仲连再三谢罪说："我原来认为先生只是个普普通通的人罢了，没想到您果然是最高义的人。多谢先生提点，我现在就离开赵国，再也不谈尊秦王为帝的事情了。"

秦昭襄王本来听说魏国使者前来劝赵王称他为帝，就放缓了对邯郸的攻击。没想到魏国使者突然离开了，魏国和楚国也派兵前来相救。秦军因长途征战，粮草不济，难以抵抗三国盟军，最后只好撤离邯郸回去了。

赵国邯郸之围解除后，平原君请求赵王重赏鲁仲连，鲁仲连却再三辞让，不肯接受。平原君就设宴招待鲁仲连，并且要当面给他很多财宝，鲁仲连笑着说："品质高洁的人之所以被老百姓崇尚，是因为他们能替人消灾，如果收取酬劳的话，那就是商人了，我鲁仲连是不会那样做的。"说完这些话，鲁仲连就辞别平原君，离开了。

战国·剔地几何纹鎏金乳丁方壶

方口,短颈,鼓腹下收,方圈足,一对兽首衔环,盖上雕刻四只小兽。通体以剔地手法刻几何纹,上镶嵌鎏金乳丁。工艺精湛,繁美大气,洛阳王村出土,为东周王室重器之一。现流落国外,原为美国水牛城奥尔布赖特·诺克斯艺术馆旧藏,被该馆拍卖后被私人所购,现藏于美国洛杉矶郡立美术馆。

前257年

公子从其计，请如姬，如姬果盗晋鄙兵符与公子。公子又从侯生计，带屠者朱亥一起至邺，矫魏王令代晋鄙。

——《史记·魏公子列传》

窃符救赵

在赵国即将灭亡的时候，信陵君听从门客侯嬴的建议，窃取虎符，英勇赴难，最终解了邯郸之围，挽救了濒死的赵国。信陵君在关键时刻挺身而出，又能得到门客的大力相助，其高义名不虚传！

背景
赵国被秦国攻打危在旦夕，魏国迟迟不发兵救援

主导者
魏国公子信陵君

助手
侯嬴、朱亥、如姬

结果
成功窃取兵符，发兵救赵，赵国之围得解

信陵君像
魏无忌（？—前243年），魏国著名的军事家、政治家。他礼贤下士、急人之困，曾在军事上两度击败秦军，分别挽救了赵国和魏国危局。但受主君猜忌终未重用。

信陵君舍生赴死

在战国错综复杂的政治环境中，有四位王室贵族因为门客众多，形成了除官方之外的一支重要力量，后人称之为战国四公子。在战国四公子中，名声最大的当属信陵君魏无忌。

魏无忌是魏昭王的幼子，魏安釐王同父异母的弟弟。魏昭王死后，魏安釐王登上王位，为牵制齐国的孟尝君，就把公子无忌封为信陵君。信陵君待人仁爱，喜欢结交贤士，门下的食客足足有3000人之多，不但能力出众，而且都具有侠义之风，十分具有影响力。

周赧王五十八年（前257年），秦赵邯郸之战僵持3年，赵国即将面临亡国的危险，便向魏国求救。魏安釐王因为遭到秦国的恐吓，不敢援救赵国，让晋鄙率10万大军驻扎在赵国边境，消极观望。

信陵君的姐姐是平原君的夫人，平原君无法，只好改变策略，派人来到魏国责备魏公

子无忌道："当初，我之所以愿意与你结为姻亲，是因为你义气高尚。现在，赵国马上就要亡了，魏军却迟迟不肯出手相救。就算公子不在乎我赵胜，难道就不能可怜一下你的姐姐吗？"信陵君被责难，亦觉得应该出兵救赵，于是便想方设法地请求魏安釐王发兵。无奈不管信陵君如何劝说，魏安釐王为求自保，就是不肯出兵。

信陵君估计让魏安釐王出兵已经没戏了，便动了飞蛾扑火的念头。他对手下的门客说："大王不愿意出兵，我就自己上赵国去，即便是死我也不能坐视不管。"门客们都被他的高尚情义打动，纷纷表示愿意跟着他前去效劳。于是信陵君预备了车马，率领由1000多个门客组成的队伍，准备去邯郸和秦军拼命。走过夷门时，信陵君看见自己曾厚待过的小吏侯嬴，便把打算去赵国的事全告诉侯嬴，但侯嬴只说了一句话："公子保重吧！我不能跟从您了。"

魏信陵君夷门访贤
清朝画家吴历绘。描绘战国时魏国信陵君魏无忌在夷门拜请侯嬴的场景。

侯生献计，窃符救赵

信陵君走了几里路，想到侯嬴的态度，越想越郁闷，说："我对待侯嬴仁至义尽，天下皆知，现在我即将赴死，他却连一言半语送我的话都没有，我难道有什么做得不周到的地方吗？"于是又掉转车子回来问侯嬴。

侯嬴见信陵君折回来，气定神闲地说："我早知道公子会回来的。公子喜爱士人，天下皆知，现在遇到危难，却想着去同秦军拼命，这就像拿肉投给饿虎，又有什么用呢？公子待我恩情深厚，此番公子前去拼命而我不相随，凭借你我的默契，我知道公子一定会对此感到疑惑，所以必定会再回来的。"

信陵君拜了两拜，见侯嬴话头突然停止，面有难色，便屏退左右："先生有话请说。"侯嬴说道："公子您还记得如姬吗？当年如姬的父亲被人杀

公子窃符救赵
出自《新镌陈眉公先生批评春秋列国志传》插画，明万历四十三年（1615年）姑苏龚绍山刊本。

了，如姬悬赏杀父仇人3年未果，就连魏王也没有办法，她便向公子哭诉，是公子派门客斩下了她仇人的头。如姬感激涕零，一直在找报答公子的机会，现在机会来了！我听说晋鄙的兵符就藏在魏王的卧室里，而如姬一向最受魏王宠爱，可以随意进出魏王的卧室，她肯定有机会偷到兵符。如果公子得到兵符，夺取晋鄙的军队，然后率军攻秦救赵，那是何等的威风啊！简直可以超过春秋五霸的功勋了！"

信陵君听完后，茅塞顿开，于是听从侯嬴的计策，去请求如姬。如姬果然答应了，第二天一早，便成功偷出兵符交给了信陵君。

锤杀晋鄙，抗秦救赵

信陵君拿到兵符后，立即启程前往赵国。临走的时候，侯嬴对他说："将在外，国君的命令有时可以不接受，为的是对国家有利。公子即使有了兵符，如果晋鄙不把军队交给公子，又去向魏王请示，那事情就危险了。我那位杀猪的朋友朱亥可以与公子一同前往，他力大无比，如果晋鄙不听从的话，公子就让朱亥击杀他。"于是信陵君痛哭起来。

侯嬴问："公子莫非是怕死吗？"信陵君摇摇头说："晋鄙是魏国不可多得的将领，我此次孤身前去，他恐怕不会听从，所以必定要杀死他。如此国家栋梁就这样死去，我实在是感到很可惜啊。"说完之后，信陵君便去邀请朱亥一同出发。

信陵君一行到了晋鄙屯兵的邺城，假传魏王的命令说是要代替晋鄙。晋鄙虽然合了兵符，心中却生疑，不肯听从命令。信陵君无法，只得让朱亥拿出身后藏着的四十斤重的铁锤，打死了晋鄙。

信陵君接管了晋鄙的军队，他整顿队伍，给军中下了命令，说："父子都在军中的，父亲回去。兄弟都在军中的，哥哥回去。独子没有兄弟的，回家奉养父母。"最后精挑细选，只留下精兵8万人。信陵君率领这8万人开始攻打秦军,这时,楚军也恰好赶到,三家军队里应外合,将秦军杀得大败。秦军只得撤退而去,邯郸之围解除。

秦军退兵后,赵孝成王亲自到城外迎接信陵君,感动得涕泗横流,向他拜了两拜然后说道:"自古以来的贤人,没有谁比得上公子您啊!"

魏安釐王得知信陵君偷了兵符,又假传命令杀了晋鄙,勃然大怒。信陵君自己也早就料到了这种情况,所以在击退秦军保存了赵国之后,便派部将率领军队回归魏国,他自己则和门客留在了赵国。

战国秦·虎符
陕西西安出土,为战国时秦国将领所执之物。虎符为古代军事活动信物,国君执右将领持左,左右虎符合并验证方可调兵。

争夺人才

信陵君在赵国仍然不忘挖掘人才。有一次,他听说赵国有一个喜欢混迹赌场的贤士毛公和一个卖酒水为生的薛公,便穿着百姓的服装徒步拜访。平原君听说了这件事后,对他的夫人也就是信陵君的姐姐道:"你弟弟名震天下,没想到竟跟那些混赌场、卖酒的人混在一起,我看他不怎么样。"信陵君听后道:"我听说平原君贤能,没想到竟然不以见贤人为荣,反以为耻,我看不值得深交。"说完,整理行装准备离去。平原君听到后,连忙赔礼道歉,极力挽留。平原君的门客听说这件事后,竟有一半"跳槽"到信陵君门下。信陵君的人才队伍在异国他乡反而更加壮大。

战国四公子

在群雄逐鹿的战国时代，战国四公子是那个时代举足轻重的人物，他们分别是魏国信陵君魏无忌、赵国平原君赵胜、齐国孟尝君田文、楚国春申君黄歇。他们都曾广养门客，辅佐君主，以礼贤下士闻名于世，系举国安危于一身，是各国诸侯不可忽视的一种势力。

◉ 春申君黄歇

春申君黄歇（前314年—前238年），为楚国公室大臣，曾出任楚国相国。他博学多才，勤政爱民，曾治理水患，广施仁政，深得民心。春申君曾经带领楚军，会同魏、赵破秦。周赧王五十九年（前256年），春申君带兵灭掉了鲁国。通过援赵灭鲁，黄歇在诸侯中的威望大增，也使楚国重新兴盛强大。秦始皇九年（前238年），春申君陷入权力争斗，被李园设计杀害。

春申君雕像
春申君（前314年—前238年），本名黄歇，战国时期楚国公室大臣，是著名的政治家、军事家。

位于河南开封郑开大道旁的"窃符救赵"字碑

◉ 信陵君魏无忌

信陵君魏无忌（？—前243年）是魏昭王的儿子，魏安釐王同父异母的弟弟。他礼贤下士，广养门客，曾两次击退秦军，分别挽救了赵国和魏国的危局。著名的"窃符救赵"的故事让他名垂千古。但魏无忌回到魏国后，还是遭到魏安釐王的猜忌，于秦王政四年（前243年），不得志而终。

◉ 孟尝君田文

孟尝君田文（？—前279年），是齐国贵族，齐威王的孙子，齐宣王的侄子。他曾任齐国相国，在任期间联合韩、魏两国击败楚、秦的军队。后来，孟尝君因被骄横的齐湣王所疑而出奔魏国，做了魏国相国，又答应联合燕国、赵国、楚国、秦国等几国军队伐齐，几乎灭了齐国。孟尝君门下食客数千，著名的"鸡鸣狗盗"讲的就是孟尝君门客的故事。

《冯谖为孟尝君收债图轴》
当代画家苏六朋绘。冯谖为孟尝君的门客。

平原君召集门客图

◉ 平原君赵胜

平原君赵胜（约前308年—前251年）赵武灵王之子，赵惠文王的弟弟，在惠文王和孝成王时期担任宰相。平原君亦广养门客，公孙龙、毛遂等都曾是他门下的名士。长平之战后，赵国困守孤城邯郸，平原君带领自己的门客发挥了顶梁柱的作用，出面组织军民抗敌，联合魏、楚，终于大破秦军，解了赵国之围。在四公子中，平原君的能力较为一般，但其忠君爱国之心从未动摇过。

前257年

武安君言曰："秦不听臣计，今如何矣！"秦王闻之，怒，强起武安君，武安君遂称病笃。

——《史记·白起王翦列传》

受谗言白起自杀

白起作为一代战神，为秦国开疆辟土，让六国闻风丧胆，对秦国而言可谓功不可没。但功臣良将常不能死于战场或公职，而死于内斗，白起亦不例外。他的功劳越来越大，引起了他人的嫉妒，不幸的命运也就随之而来。

时间
前257年

起因
长平之战后，秦昭襄王听信范雎之言，暂时罢战，失去攻赵的良机，白起心中不满

直接原因
秦再攻赵不利，他拒不出战，见罪于秦昭襄王

政治对手
范雎

主要成就
南平鄢郢，北夺长平，震慑赵楚

结局
被遣出咸阳，秦昭襄王又逼其自裁

战国秦·铜手钳
1979年陕西凤翔出土，现藏于中国国家博物馆。造型与功能已经与现代的工具相差无几，显示了古人高超的工艺。

白起托病，秦军失利

秦国长平大捷之后，天下震慑。白起稍作休整，便准备指挥大军进行新一轮的攻击，他先派司马梗与王龁攻占赵国的武安、皮牢（今山西翼城东北）等地，然后亲自带领军队，准备一鼓作气，攻下赵国都城邯郸。

赵国在长平之战后便陷入"休克"状态，听到白起将要攻占邯郸，惊恐万分，见正面对抗已无可能，赵国便想从秦国内部入手，瓦解秦军的攻势。

于是，赵国派了一名说客来到秦国，面见范雎。说客对范雎说："白起战功赫赫，几乎开拓了秦国一半的疆土，即使是周公当年的功劳也不过如此。眼下，白起又围攻邯郸，一旦赵国灭亡，秦国便可以称霸六国。到那时，白起肯定会位列三公。难道相国愿意屈居白起之下？"说客见范雎略有动容，便继续道："既然如此，您又何必为他人做嫁衣呢？还不如给秦王做做工作，让秦王同意与赵国割地求和。这样白起就不会再有灭赵的功

劳了。"

范雎听完说客的话后，心中有所思量。这时，赵孝成王又派人来到咸阳，向秦昭襄王表示愿意向秦国割让六县，只求秦国撤回攻赵的大军。于是范雎便对秦昭襄王说："攻占邯郸不急于一时。秦军现在兵马疲惫，士气低迷，急需要休养调整。我们不如先答应赵国的求和，让士兵休息一阵子，等士气恢复以后再攻取也不迟。"秦昭襄王一听，觉得有道理，便同意了这个建议。彼时，白起正准备率大军一举拿下邯郸，却突然接到了秦昭襄王要求退兵的命令，只好作罢。后来他听说这是范雎的建议，非常不满，从此与范雎结下仇怨。

秦军休整半年以后，又浩浩荡荡地往邯郸进发，只是这次率兵的将领变成了王陵。原来白起自从上次被范雎算计召回后，急火攻心，竟然气出病来。他认为上次不该退兵，要不然早就把邯郸拿下了，眼下攻取邯郸的最佳时机已过，再攻必不会取胜。

王陵攻邯郸不大顺利，又遇上老将廉颇，连吃败仗，赶紧向秦昭襄王求救。秦昭襄王想再派白起去，白起认为已经错过了上次千载难逢的战机，所以拒不出战。

在接下来的野战中，赵军气势高涨，秦国有五名将领被杀，士卒伤亡惨重。秦昭襄王又一次劝白起出战，白起仍是拒绝。后来他又派范雎去请，白起还是不同意。

秦昭襄王无奈，只好派王龁替换王陵为大将围攻邯郸，但八九个月之后，仍然没有取得突破性的进展。赵国越战越勇，举国全力死守，秦昭襄王忧心忡忡，便亲自来到白起府上，对白起说："将军可否看在寡人的面子上领一回兵，就算有病在身不能骑马，那躺着指挥也可以啊。一旦战争胜利，寡人必定重重地赏你。"白起见秦昭襄王如此，便跪倒在地道："微臣知道，如果我出马，即便没有取胜，也不会受到惩罚。如果不出马，即便没有触犯法律，也会被诛杀。虽然如此，但臣还是认为邯郸之战，获胜概率太小，希望大王不要与赵国斗一时之气，还是将军队撤回，以防诸侯相助。臣听说，英明的君主热爱他的国家，忠诚的大臣重视他的名声，臣即使被诛杀，也不会打没有把握取胜的仗。"秦昭襄王听后，虽然有所触动，但仍不放弃攻打赵国的念头，所以便一言不发，转身离去。

战国秦·虎、獐、鱼、豺画像瓦当

战国时期以齐国故城（今山东临淄）的树木双兽纹半瓦、燕国下都（今河北易县）的饕餮纹半瓦、秦都雍城（今陕西凤翔）的动物纹圆瓦和咸阳的云纹葵纹瓦当等最为卓越，形成战国瓦当艺术三分天下的局面。此瓦当现藏于首都博物馆。

三家攻秦，白起自刎

正如白起所料，诸侯果然前来相助。楚国派春申君救援赵国，魏国信陵君魏无忌也率兵前来攻秦，三国军队里应外合，秦军损失惨重。消息传到咸阳，白起颇有些得意地道："当初秦王不听我的，现在吃亏了吧。"秦昭襄王正在气头上，听到此话后，勃然大怒，于是对白起摊牌说："现在秦军眼看就要败了，你到底出不出战？"白起道："现在不管我出不出战，秦军都会败，而且我现在病得不行，无法出战。"秦王生气地拂袖而去，随即免去白起的官职，降为士兵，并且要将他流放到边境。但白起此时的确是重病在身，不能上路，只能暂时滞留在咸阳。

在这期间，赵、楚、魏三家军队不断向秦军发起进攻，秦军节节败退，告急的文书像雪片一样飞往咸阳。秦王更加迁怒于白起，于是便派人遣送白起，让他速速离去，不得留在咸阳。

白起只得拖着病体踏上北上之路。秦昭襄王又与范雎等群臣谋议，白起被贬迁出咸阳，心中一定不服，不如处死。范雎还添油加醋道："一个内心有怨恨的白起对秦国来说是一件很危险的事。"群臣也跟着附和，于是秦昭襄王便派使者拿了宝剑，前去追赶白起的车队。白起望着这把熟悉的剑，想起自己为秦国立下累累战功，到头来却落得如此下场，禁不住老泪纵横，又想起长平之战中那被他坑杀的无辜战俘，自责和内疚不禁涌上心头，于是心生死念，便拿起使者呈上的剑，仰天长叹道："长平之战我杀死了那么多无辜的士兵，本来就该死啊！"

于是他右臂一挥，剑刃便滑过喉咙，曾经令六国闻风丧胆的一代战神，就此谢幕。

范雎引退

邯郸之战失败后，秦国上下一片肃杀，范雎的日子也不太好过。这时候，有一个燕国人，名叫蔡泽，前来求见范雎，自称一见秦王，就可以夺走范雎的相位。范雎傲慢地问："你凭什么认为可以夺走我的相位？"蔡泽道："成大事者，谁不希望功成名就，被世人传颂。但是像秦国的商鞅、楚国的吴起、越国的文种这三人的结局，值得羡慕吗？"范雎略有震动，蔡泽便继续说道，"如果成大事者一定都要牺牲生命的话，那么事业的价值必定会引人怀疑。功成，名就，身退这难道不是最好的结局吗？"范雎听闻此话，彻底动容了，渐渐萌生了引退之心。随后，范雎便将蔡泽引荐给秦昭襄王，蔡泽果然被秦昭襄王信任。后来，范雎称病归养，蔡泽就正式接替范雎为相。

战国·铜冰鉴

1978年湖北省随县擂鼓墩1号墓出土,现藏于中国国家博物馆。冰酒器,是中国最古老的冰箱。外部为鉴,内置尊缶。鉴与尊缶之间有较大的空隙,夏天可以放入冰块,冬天则可贮存温水,尊缶内盛酒,这样就可以喝到"冬暖夏凉"的酒。青铜长勺的长度刚好可以够到缶底。外观华丽别致,奇特精巧,满饰蟠螭纹和勾连云纹,奢华异常。

▶ 前256年

分为二周,有逃责之台,被窃铁之言。

——《汉书》

债台高筑

历史的车轮总是随着潮流不断向前推进,曾经号令诸侯的周朝到了战国末期早已是行将朽木,名存实亡!这也难怪周赧王堂堂一国之主,竟然被自己的臣民追债,逼得爬上高台不敢下来,可笑兮,可悲也!

起因
周赧王受楚国鼓动,欲同各国共同出兵伐秦

借贷原因
为凑军费

过程
各国口头答应,但都不想出兵,伐秦之战成为空谈

结果
仗没打,军费也花光,周赧王欠下巨债,被富人们逼债

成语典故
债台高筑

战国周·斜肩弧足空首布
春秋战国时代货币,现藏于上海博物馆中国历代货币馆

整个战国时期,各诸侯国间纷争不断,秦国通过改革和一次次的战争,最终成为最强国。而周天子的权力则越来越小,到了周赧王的时候,周王室的土地甚至还不如那些大国底下臣子的封地多。

秦攻取邯郸失利后,便立即对魏国进行了报复,攻取了魏国安邑。第二年秦又攻韩、赵,韩、赵惨败,各国岌岌可危。这时候,楚国的春申君向楚考烈王建议:"邯郸之围,全靠各国出力才击退秦兵。假如您现在派使者让周赧王以天子之名联络诸侯,共同伐秦,不就可以灭了秦国吗?"楚考烈王动了心,便开始与各国联络,说要建立一个联盟,一起向秦国发起进攻。

楚考烈王派人给周赧王送信,信中说:"秦国对各国虎视眈眈,我们打算合力攻秦,请天子出兵。"周赧王看了消息,仿佛抓住了救命稻草。秦国侵占了韩、赵、魏三国很多土地,早就对周王室步步紧逼,无奈周王室衰微,难以抵抗,这次周赧王看到各国要联合灭秦,马上就回复楚王道:"我愿与你们联合起来灭秦。"

| 卢氏 | 三川釿 | 武 | 武采 | 武安 |

春秋周王室的斜肩弧足空首布　　　　　　战国周王室的斜肩弧足空首布

周赧王答应得很爽快，但到了出兵的时候，周赧王才发现国库空虚，难以凑齐军事装备。周赧王看到商人做生意经常借钱，就想到个主意，向领地里的富人借钱，告诉他们，如果把秦灭了，有了战利品，就连本带利加倍偿还他们。那些富人一听，都纷纷慷慨解囊。这样便凑够了一大笔钱。

周赧王五十九年（前256年），周赧王任命西周公为大将，率领5000兵士伐秦，并约六国军队到赵国的伊阙会合。没想到到了那里才发现，除了楚国、燕国派了些兵来，其他诸侯国都没来。原来楚国去联合各国，虽然大家口头上都答应了，可是到了真正出兵的时候，各有各的打算，个个爽了约。楚考烈王发现各国都不愿出兵，联军组织不起来，干脆自己也不愿意多出兵了。西周公一行在伊阙等了3个月，还不见有其他国家的兵马前来，只得灰溜溜地又率领队伍回去了。

军队回来不要紧，但是这一来一回可花了不少钱。周王室领地的富人们一听说军队回来了，便纷纷前来向周赧王讨要欠款。但连仗都没打，自然就没有战利品，哪里还有钱可以还啊，周赧王无奈，只得百般找借口说要宽限些时日。于是那些富人便整天堵着宫门要账，甚至有的还要冲进宫去。周赧王懊悔不及，却又无计可施，只好跑到后宫里，那里有一个高台，他便躲在上面，不肯下来。后来人们就把这里称作逃债台。周赧王在这台上躲债，就叫"债台高筑"。

春秋、战国周王室货币对比
由原始布演变而成，现藏于上海博物馆。

战国·金怪兽
1957年陕西神木纳林高兔出土，现藏于陕西历史博物馆。大耳环眼，头生双角，鹰嘴兽身，卷尾上扬，做弯颈角抵状。通体以黄金制成，形象集多种动物于一身：身体似羊、嘴似鹰、角似鹿、蝎形尾，四蹄立于花瓣形托座上。

前256年—前249年

周君、王赧卒,周民遂东亡。秦取九鼎宝器,而迁西周公于狐。后七岁,秦庄襄王灭东周。东西周皆入于秦,周既不祀。

——《史记·周本纪》

秦灭周

秦国为了成就自己一统中原的霸业,除了要消灭同时代的战国六雄,还要除掉周王室。当时,周的势力虽早已衰落,但周天子的影响却深入人心,只有周王室彻底消亡,秦国才能成为名正言顺的天下之主。

原因
秦欲统一天下,周王室亦是障碍,故灭之

时间
前256年—前249年

顺序
先灭西周国,后灭东周国

周最后君主
周赧王

周反抗措施
欲合纵伐秦,失败

结局
周王室覆灭,秦迁走象征王权的九鼎

战国后期,秦国从秦孝公任用卫鞅变法开始,国力不断地强盛。而相比之下,周王室却一直在走下坡路,虽然周天子仍以中原领袖的身份存在,但实际上各个诸侯国都已不把周王室放在眼里。特别是,周王室内部还争斗不断,以致在周赧王时分为"东周国"和"西周国",而周赧王迁往西周都城洛阳。

早在周显王三十五年(前334年),周天子将祭祀给文王的供品特地送给秦惠文王,这样卑微的做法也让其他诸侯国大为咋舌。周这样低声下气地示

战国·云纹玉带钩
湖北随县曾侯乙墓出土,现藏于湖北省博物馆。与带相配使用的为带钩,因为带的系结大多用钩连接。带钩是用于钩束腰带的器物,一般由钩首、钩身、钩钮三部分组成,钩首用于钩连,钩钮则起固定作用。

好也从侧面反映出当时秦国之强盛，无他国可及。

在秦昭襄王之前，秦国的国君是他的哥哥秦武王。当时的秦武王刚即位不久，却在一次徒手举九鼎的戏事中受伤，最后不治身亡。短短数年，秦国接连换了三位国君，而秦武王的意外去世也算不上体面，在各个诸侯国之间曾将此事当成笑话，民间甚至还流传着关于此事的俗文俚语。

当秦昭襄王继位之后，看到这样的场景，觉得秦国受到了很大的侮辱，自己也受到了侮辱，而他绝不能容忍这样的事情发生。于是，秦昭襄王下定决心，一定要寻找时机，一雪前耻，让那些瞧不起自己、瞧不起秦国的人对秦国刮目相看。

在当时的战国，虽然周王室没有实权，诸侯七国也是只有在自己有需要的时候才会想到周王室，但不得不说，周王室在名义上的地位仍旧是秦国的一颗眼中钉，让秦国认为是其统一天下、一统中原的障碍。只有推翻了周天子，秦国征伐其他六国才可以名正言顺。因此，秦灭周是早晚要发生的事。

周赧王末年（前256年），秦国看准局势，在谋士的安排下，找了个理由派遣军队对韩国的阳城（今属山西晋城）发动进攻，军力弱小的韩国无力抵挡，被秦国打了个措手不及，最终被骁勇善战又有谋略的秦国打败，几乎处

云梦秦简《效律》部分条文
1975年中国湖北云梦城关睡虎地11号墓出土，竹简长23.1～27.8厘米，宽0.5～0.8厘米，内文为墨书秦隶，记录了秦国当时的法律及公文。此批竹简是研究战国晚期至秦始皇时期政治、经济、文化、法律、军事的珍贵史料，也是校核古籍的依据。其中《效律》为有关都官和县核验官府的物资财产和审查会计账目的专门财经法纪处罚律法。

在了灭亡的边缘。韩国阳城离西周国很近，秦国攻打阳城，实际上也就是想要找时机来消灭周王室。

周赧王看到阳城陷落，明白下一个就要轮到自己。他垂死挣扎，应楚国之请，与各诸侯合纵攻秦，但周国军队到了伊阙，只有楚、燕两国军队姗姗来迟，而其他四国为了保全自己，不被秦国怨恨，都以各种借口推脱了。合纵不成，倒正好给了秦国发兵攻周的口实。

于是，秦国大军挥兵周赧王所在的西周，西周国走入了穷途末路。同年，周赧王去世。又过了七年，秦国继续发动战争，灭亡了残余的东周国。就这样，周朝陨落，退出了历史舞台。

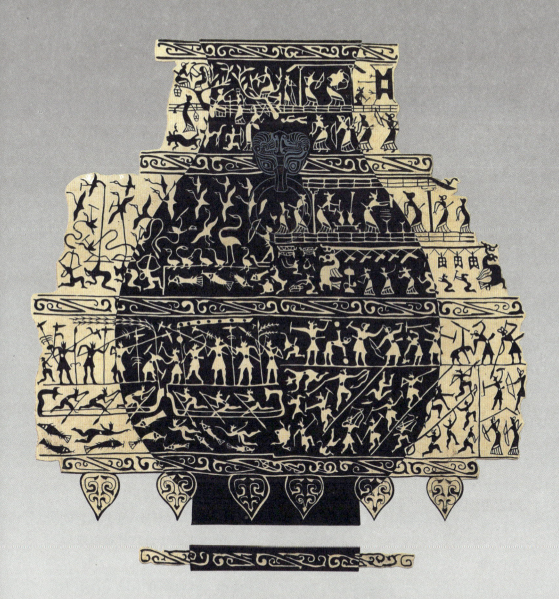

战国·宴乐渔猎攻战纹壶及拓片

1935年出土于河南汲县山彪镇一号墓,现藏于北京故宫博物院。此壶圆口微侈,短颈,两环耳,丰腹,圈足。自口往下,分饰:蚕桑之礼和射礼场景、宴享乐舞和射猎场景、水陆攻战场景、垂叶纹和卷草纹。礼仪、生活、战争,此壶的纹饰包含丰富,刻画繁复,逼真再现了当时社会的一部分民俗和生活场景,不仅为中国青铜器中的精品,且为后人研究先秦社会提供了重要的资料。

战国末年

吕不韦贾邯郸，见而怜之，曰"此奇货可居"。乃往见子楚，说曰："吾能大子之门。"

——《史记·吕不韦列传》

吕不韦投资异人

吕不韦原本只是一个商人，但他的商人眼光用在政治上竟然也大获成功。吕不韦帮助秦国公子异人登上王位，自己也平步青云，跻身秦国高位。在纷纷扰扰的战国时代，商人富可敌国，也可以在政治上有一番大作为。

投资人
吕不韦

被投资者
秦国公子异人

投资方式
吕不韦以自己积攒的钱财四处游说，为异人在秦国打通关节

借助势力
安国君最宠爱的华阳夫人

投资成效
异人拜华阳夫人为义母，得立太子，进而成为秦王，与吕不韦共享秦国天下

相关成语典故
奇货可居

吕不韦像
吕不韦（前292年—前235年），姜姓，吕氏，名不韦，卫国濮阳（今河南安阳滑县）人。战国末年著名商人、政治家、思想家，官至秦国丞相。

奇货可居

早年，秦国和赵国因为种种原因想要结盟，为了表示诚意，秦国的公子异人（秦孝文王之子、秦昭襄王之孙）被送到赵国做了质子。但后来，秦国却不守信用，经常派兵攻打赵国，所以赵国对异人的态度也十分冷淡。作为质子的异人在赵国的生活十分艰难，不仅生活不富裕，甚至还有性命之忧，遭人歧视。

这时候，有一个大商人名叫吕不韦，深谙囤积居奇、贩贱卖贵的道理。所谓囤积居奇就是把少有的货物囤积起来，等到高价的时候再出售，这样就能赚取比原来多好几倍的利润。靠此经商手段，吕不韦很快成了富可敌国的巨贾。

一天，吕不韦来到赵国邯郸做生意，在邯郸的闹市闲逛

时，无意中遇到了潦倒的公子异人。在一番闲谈过后，吕不韦得知这位公子便是秦昭王的孙子，凭借商人敏锐的眼光，他断定异人具备无法估量的价值。于是，吕不韦将异人带回了府中，盛情款待。

异人虽然说是秦国的王孙，但从秦国近年来对待赵国的态度就可以看出来，送来当人质的王子大多都是平日里不得宠的公子。异人也是这样，虽然是王孙贵族，但他的母亲夏姬不得宠，所以他才被送来赵国做人质。

吕不韦对异人说："你是秦国的王孙，本应该大放异彩，只是如今的处境太困难了，不符合你的身份。我有办法，能够光大你的门楣。"

异人不相信，淡淡地说："这怎么可能呢？你还是去光大自己的门户吧。"

吕不韦不放弃，说："公子，你不知道，只有你的门庭光大，我才能光大。我和你的命运是连在一起的。"

通过交谈，异人也知道吕不韦有些神通，听出他大概是有了自己的计划，于是便和他深谈起来。吕不韦对异人说："你的祖父秦昭襄王已经年老，而你的父亲安国君已经是太子，他有二十多个儿子，可是他最宠爱的华阳夫人却没有儿子。你们兄弟二十几个人中，你是居中的那个，一直以来都不被你的祖父和父亲重视，所以才被抵押在赵国做人质。如果说，你的大哥做了太子，那这王位自然和你就没有什么关系了！"

异人一听，赶紧问道："先生说得没错，可是我现在不知道该如何是好。我到底应该怎么做才会改变现在

秦王政五年相邦吕不韦戈

五年相邦吕不韦戈是秦王政五年（前242年）作，陈介祺旧藏，后入上海博物馆，现藏中国国家博物馆。通长27.6厘米，胡长16.8厘米，器援长而狭，长胡，内部三面均有刃，是战国中晚期青铜戈的典型式样。

吕不韦结交异人图

的局势呢？"

吕不韦说："你太穷了，自己没有积蓄，没有钱给你父亲和华阳夫人送礼，也没有钱来结交朋友。但是我有钱，只要你答应，我愿意拿出一笔财产到秦国替你活动，凭借这样的力量，请安国君和华阳夫人立你做世子。"

异人听罢，喜出望外："如此一来就是最好的了，如果真的能够像刚才说的那样，那我将来愿意和您共同享有秦国的天下！"

财富通天

在两人的谋划下，吕不韦拿出一笔钱，一半交给异人，用来结交能够帮助他的朋友，扩大自己的势力；而另外一半，则用来买了很多奇珍异宝，由吕

战国·银布
中国古代交易中，小额多用铜钱或铁钱，大额用银两。银质货币有银贝、银饼、银布、银锭等。

不韦自己带到秦国为异人活动。

吕不韦先是买通了华阳夫人的姐姐，托她把珍贵的礼品奉献给华阳夫人，并说这些礼物都是异人从赵国带给她的。吕不韦说，异人把华阳夫人当成自己的亲生母亲，在赵国的时候，日夜都在思念安国君和华阳夫人。

华阳夫人收到礼物后十分高兴，于是她姐姐趁机按照吕不韦的意思给异人说情："妹妹现在年轻美貌，倾国倾城，自然能够受到安国君的宠爱。可是

战国手工业发展

种类	发展
冶铁	早期铁质脆而硬，易断不耐用；后期出现以退火法制造的表面为低碳纯铁，中心为硬度高的体质复合铸件
	铁矿开发很多，出现了很多重要的冶铁地点
	钢制品开始出现
青铜冶铸	对于青铜的取材、配料和冶铸的火候，总结归纳出了一套完整的理论
	在极其讲究的铜器上盛行错嵌红铜的工艺
纺织	丝织品在黄河流域和长江下游都有生产，齐鲁之地的织物非常闻名
	麻织品成为平民的主要衣料，花色品种比以前丰富很多
盐	有较大规模的生产，当时已有海盐、池盐和井盐，海盐煮造业非常发达
漆器	应用很广，许多木器都已髹漆，而且胎骨由笨重向轻巧发展
	当时色彩种类齐全，油漆工艺有了重大改进和创新，已经采用桐油作稀释剂

以后呢?当你将来老了、不再美貌了怎么办?既然你不能生儿育女,倒不如趁着安国君还宠爱你的时候认一个儿子,确定成为安国君的继承人。我觉得异人就不错,他这样贤明,对你又那么孝顺,你完全可以把他认到自己的名下。这样一来,将来他肯定会对你感恩戴德。而你以后也就会有享不完的富贵了。"

华阳夫人听后,觉得很有道理,就趁机向安国君诉说。安国君本来就宠爱华阳夫人,听她想认异人做自己的儿子,便满口答应了,还叫人刻了一个玉牌,托吕不韦带给异人,同时让吕不韦做异人的师傅。

回到赵国的吕不韦将事情告诉异人,说自己为他打通了门路。同时,吕不韦还为异人的生活、婚姻等方方面面做了准备,只等待一个恰好的时机一同回到秦国。

周赧王五十八年(前257年),赵国邯郸被秦军所困,赵孝成王想杀掉异人泄愤。在危急关头,吕不韦花六百金收买了守城官吏,和异人一起逃出邯郸城,又通过出征的秦军回到了秦国咸阳。在会见华阳夫人之前,吕不韦建议异人穿楚人的衣服,因为华阳夫人是楚国人,必思念楚地的一事一物。果然,她看到异人穿着楚人的衣服后,欣喜不已,对异人说:"看来,你注定是我的好儿子了!"

就这样,华阳夫人正式收异人为义子,安国君为他改名为子楚。六年后,秦昭襄王去世,安国君即位,也就是秦孝文王。秦孝文王立华阳夫人为王后,并立子楚为太子。秦孝文王在位不久就死去了,这样一来,太子子楚就成了秦王,也就是秦庄襄王。

秦庄襄王登上王位,这是他在赵国的时候全然不敢想的。他非常感激吕不韦当年对自己的扶持,于是拜吕不韦为丞相,封文信侯,甚至还把洛阳的12个县作为他的封地,以10万户的租税作为给吕不韦的俸禄。

等到秦庄襄王去世后,太子嬴政即位,也就是秦始皇。他按照父亲的说法,称吕不韦为仲父。就这样,一个富可敌国的商人吕不韦在政治上翻云覆雨,一时权倾天下。

吕不韦西游说秦
出自《新镌陈眉公先生批评春秋列国志传》插画,明万历四十三年(1615年)姑苏龚绍山刊本。

前246年

渠就，用注填阏之水，溉泽卤之地四万余顷，收皆亩一钟。于是关中为沃野，无凶年，秦以富强，卒并诸侯，因命曰郑国渠。

——《史记·河渠书》

修建郑国渠

韩国想要消耗秦国的经济实力，送去一位水利专家郑国去做间谍，可谓搬起石头砸了自己的脚。郑国身份被揭穿，但仍为秦国所用，结果修建了一条造福关中百姓的大型水渠，发展了秦国农业。

修渠起因
韩国派间谍郑国入秦，鼓动秦国修建大型水利工程，以消耗其国力，阻止其扩张

直接原因
秦国需要发展农业，故郑国身份被拆穿后，仍加以重用，继续修渠

修建时间
前246年

主导者
郑国

支持者
秦王嬴政

建渠成果
连接泾水和洛水，长达300余里，灌溉农田4万余顷

意义
发展了秦国农业，并对后世灌溉技术的发展有深远影响

秦王政元年（前246年），韩国怕被秦国吞并，派间谍郑国等人入秦，想拖住秦国后腿，阻止其向东方扩张。郑国，韩国人，精通水利工程。他入秦的目的是以大力发展秦国农业为借口，游说秦国在泾水和洛水间穿凿一条大型灌溉渠道，以此削弱秦国的经济实力，不再发动对外战争。

关中地区是秦国主要粮食基地之一，但是常年受水源不足的困扰。如果想要增强秦国自己的经济力量，必须发展关中的农田水利。因此郑国的到来正合秦王嬴政的心意，于是毫不犹豫地采纳了郑国的建议。秦王下令，立即征集大量的人力和物力，任命郑国主持，兴建这一工程。一切都十分顺利，郑国也很快按照计划进行这项宏大的工程，全身心投入进去。不料这时韩国的"间谍"计划和郑国的身份被

陕西水利博物馆内的郑国雕像
郑国，战国时期卓越的水利专家，出生于韩国都城新郑（现在河南新郑）。郑国曾任韩国管理水利事务的水工（官名）。郑国渠建成后，改变了关中的面貌，使八百里秦川成为富饶之乡。郑国渠和都江堰、灵渠并称为秦代三大水利工程。

秦国侦查出来。秦王大发雷霆,要将郑国等人处死,以绝后患。

郑国看到事情败露,心里虽然悔恨但也无可奈何。因此,面对秦王的质问,郑国供认不讳。在坦诚了自己的身份后,郑国真切地对秦王说:"一开始,我的确是以间谍的身份来到秦国的。国家的命令我无法推辞。但是,修建郑国渠确实是为秦国谋利,我只不过是为韩国延续几年的命运罢了,但这件事情却能够为秦国建立万世的功业。"

秦王思虑再三,觉得郑国态度诚恳,所言也不无道理。此时,外来客卿李斯给秦王上了一道著名的《谏逐客书》,建议秦王不要以偏概全,驱逐各国士子。正是这道书文,也间接地帮了郑国一把。就这样,秦王决定先把郑国留下。不得不说,秦王嬴政具有远见卓识,杀一人与宏大的水利工程相比,孰轻孰重,他分得很清楚,因而继续重用郑国。而且,郑国是水利专家,是十分难得的人才。就这样,郑国在秦国安定下来,按照预定的计划继续实施这项水利工程,开挖从泾水到洛水的渠道。

经过数年的努力,一条长达300余里的大型灌溉水渠终于挖成。郑国充分利用地势,从泾河进入关中平原的礼泉(今属陕西咸阳)谷口开始修建干渠,使这条渠道沿北面山脚向东伸展,很自然地分布灌溉区最高地带,灌溉田地达四万余顷。这项工程的完成,帮助秦国大大提升了农业实力,而秦国为纪念郑国的贡献,也把这条水渠命名为郑国渠。

泾河淳化、礼泉段峡谷地貌
泾河是渭河最大的支流。发源于宁夏六盘山东麓。泾河历史悠久,泾河流域的历史贡献,最主要的是周王朝的发迹和郑国渠的兴建。

战国时期著名的水利工程

战国时期是中国历史上大变革、大发展的重要时期，这一时期农业在各诸侯国经济发展中具有决定性意义，而水利则是农业的命脉。同时，水利的兴起可以扩大运输，为商业繁荣和军事创造有利条件，因此各诸侯国纷纷兴修许多水利，留下了很多泽被后世的水利工程。其中最为著名的有：魏国西门豹在邺城领导百姓修建的引漳十二渠、魏惠王期间开通的鸿沟、秦国李冰主持修筑的都江堰、秦国郑国开凿的郑国渠等，不但成为重要的、泽被后世的农田水利工程，富庶了当地的经济，还创造了便利的航道和港口城市。

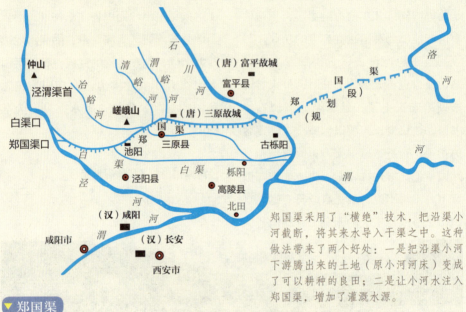

郑国渠采用了"横绝"技术，把沿渠小河截断，将其来水导入干渠之中。这种做法带来了两个好处：一是把沿渠小河下游腾出来的土地（原小河河床）变成了可以耕种的良田；二是让小河水注入郑国渠，增加了灌溉水源。

▼ 郑国渠

郑国（生卒年不详），战国时期韩国卓越的水利专家，出生于韩国都城新郑（现在河南新郑）。为秦筑渠300余里，号称"郑国渠"，因此被后世奉为"水神"，为关中农民所奉祀。

郑国像

郑国渠渠首在瓠口（今陕西王桥镇上然村附近），引泾水注入北洛水，泾河从陕西北部群山中奔出，流至礼泉就进入关中平原。全长300多里，工程宏伟，规模浩大，历时十余年才最终完成。

谁想郑国渠引淤积混浊的泾河水灌溉两岸低洼的盐碱地四万多顷，竟使得关中从此成为沃野，再没有闹过饥荒，由此秦国富强起来，为最后吞并各诸侯国奠定了强有力的经济基础。强大起来的秦国最终一统天下，对后世中国的政治、经济、社会和文化产生了重大而深远的影响。

郑国渠在汉魏时期为泾水流域主要灌溉系统。唐朝时与白渠趋于混合，逐渐湮没。2016年11月，郑国渠申遗成功，成为一处世界灌溉工程遗产。

▲ 楚蜀鸿沟

鸿沟是战国约魏惠王十年（前360年）开凿的连接黄河与淮河的运河，汉代以后黄河不断泛滥改道，导致鸿沟河道阻塞淤积，最终化为平地。

▼ 都江堰与李冰父子

李冰（生卒年不详），河东（今山西运城）人，战国时代著名的水利工程专家。

秦昭王五十一年（前256年）左右，李冰任蜀郡守，在职期间，他征发民工在岷江流域兴办许多水利工程，其中以其子主持设计并建造的成都西北部的都江堰最为著名。成都平原在古时，是一个水旱灾害十分严重的地方，都江堰建成后，泄岷江洪水且用之于灌溉，为成都平原成为"天府之国"奠定了坚实的基础。

都江堰由分水鱼嘴、飞沙堰、宝瓶口等部分，两千多年来一直发挥着防洪灌溉的作用，是世界迄今为止，年代最久、以无坝引水且唯一留存至今仍然在使用的宏大水利工程。2018年8月进入世界灌溉工程遗产名录。

为感谢李冰父子治水的伟业，老百姓在都江堰渠首建了二王庙供奉，并尊其为川主（二郎神），每年清明时节，都会举行祭祀活动和开水典礼。

> 前246年

秦王乃除逐客之令，复李斯官，卒用其计谋。官至廷尉。

——《史记·李斯列传》

李斯谏逐客书

李斯作为秦国大臣，也是帮助秦始皇一统天下的重要人物，他站在完成统一天下大业的高度，分析阐明了逐客的利害关系。文章不仅反映了李斯的卓越见识，其所表现出的不分地域、任人唯贤的思想，更是让秦王看后撤销逐客令。这份奏疏不足千字，但却具有极大的价值。

逐客原因
韩国派间谍入秦国活动，秦发觉后，遂下逐客令

上书原因
李斯为楚人，亦在被逐之列

进谏方式
列举，对比

列举人物
百里奚、蹇叔、商鞅、张仪、范雎等均不是秦国人，但都为秦国霸业立下汗马功劳

进谏结果
秦王撤销逐客令，追回李斯，加以重用

李斯像
李斯（约前284年—前208年），李氏，名斯，字通古。战国末期楚国上蔡（今河南上蔡）人。秦代著名的政治家、文学家和书法家。

投奔明主

秦王政元年（前246年），韩国派遣间谍郑国来到秦国游说秦王嬴政，让秦国消耗人力、物力修建浩大的水利工程，以达到阻止秦国向东扩张的目的。然而，这件事很快被秦国察觉到了，秦王自然十分生气。

当时，秦国的王族大臣对秦王说："各个诸侯国来到秦国做官的人，大部分都是为自己的君主来游说，他们的真实目的是来挑拨我们君臣的关系。既然如此，还请大王把他们一律驱逐出境，以绝后患。"

气急败坏的秦王听了宗室大臣们的话，立即下令驱逐客卿，不再录用。而当时作为秦王政客的李斯，也在被驱逐的名单里。

李斯（约前284年—前208年），原本

秦二世泰山刻石

秦二世元年（前209年），李斯书，篆书，现仅存九个半字。现藏于山东博物馆。李斯曾同胡毋敬、赵高等整理文字，创造了小篆。此书法严谨浑厚，平稳端宁；字形公正匀称，修长宛转；线条圆健似铁，寓圆寓方；结构左右对称，横平竖直，外拙内巧，疏密适宜，极具艺术价值。

是楚国上蔡人，他曾经当过楚国的小官吏。当他目睹楚考烈王的腐化不堪与自甘堕落后，实在不想再为这样的人效力。而放眼望去，其他诸侯国也都很衰弱，已经没有可以让他为之建功立业的明君。于是，李斯西行到了秦国，想要在秦国施展自己的才华。

李斯到秦国以后，正巧遇上秦庄襄王去世，秦王嬴政刚刚即位。当时，秦国还是由吕不韦来主掌秦国大权。因而李斯马上就投奔到了吕不韦门下，凭借自己出众的才华，很快就得到吕不韦的赏识。吕不韦把他举荐给了嬴政，而李斯也这样得到了接近秦王的机会。

李斯曾经对秦王说："从前秦穆公建立了春秋霸业，但最后却并没有吞并六国，那是因为当时许多其他诸侯国还十分兴盛，而周王室的声望也并没有完全丧失。然而，自从秦孝公以后，秦国的各方面都已经日益强大，而其他六国却早已经是渐渐衰弱。到现在，各个诸侯服从秦国，看上去就像郡县隶属国家，侍奉国君一般。秦国这样强盛，大王又如此贤明，这可是实现天下统一的大好时机啊！"秦王嬴政听后，对李斯的话大加赞赏，还把李斯升任为客卿。

谏逐客书

秦王下达了逐客令，作为楚国人的李斯当然也在被驱逐之列。李斯内心愤愤不平，在临行前上疏秦王，劝说秦王不要逐客，便写下了流传千古的《谏逐客书》。

在书中，李斯说道："当初秦穆公寻求贤士，从西戎得到了由余，从东边的宛地得到了贤才百里奚，更是从宋国迎来了蹇叔，从晋国找来了丕豹、公孙支。这五个才学和品性都如此贤德的人，他们的出生地都不是秦国。但正是

秦·李斯碑

秦李斯小篆碑刻于秦二世元年（前209年），此碑历来被视为书法艺术的珍品，鲁迅誉之为"汉晋碑铭所从出"，其遒劲若虬龙飞动，其清秀如出水芙蓉，举世瞩目，堪称瑰宝。李斯碑也被称为秦朝泰山刻石，形制似方非方，四面不等，材质坚硬。铭文共计144字，所刻内容"颂秦始皇帝德，明其得封也"，宣扬他统一天下的功绩，表达治理国家的雄心壮志。不过可惜的是，当年碑上的刻辞早已在历史的沧桑中一字不存，如今存留在世的李斯碑是秦二世胡亥命李斯写下的。现藏于河南安阳中国文字博物馆。

因为秦穆公重用了他们，当年的秦国才能够因此而扩大了自己的封地，才有能力称霸西戎。

"再往后，秦孝公任用来自卫国的商鞅实行新法，才实现了国富民强，不仅百姓都乐于为国效力，秦国的军事实力也大大增强，不断战胜楚国、魏国的军队，攻取土地千里以上。也正是从那个时候开始，各个诸侯国也因此归附秦国，一直到今天，秦国都维持着政治安定、国力强盛的局势。

"到秦惠文王的时候，他使用了魏人张仪的计策，向西兼并了巴、蜀，往北边收上郡，向南边攻取了汉中，又控制了鄢、郢，在东面更是占据了成皋天险，拆散了当初看起来如此牢固的六国合纵同盟，让六国纷纷来侍奉秦国。

"而秦昭襄王得到了魏人范雎，成功废黜了穰侯，不但驱逐了华阳君，还巩固了王室自己的权力，夺取了其他诸侯国的领土，使秦国成就了帝王大业。

"大王，我们无法否认，这四位君主无一不依靠了他国客卿的才学。所以由此看来，客卿并没有什么对不住秦国的地方。假如当初四位君主拒绝客卿的加入，疏远来自四方的贤士，不加任用，秦国又怎么可能会有如此强大的实力？

"陛下您的宫中有珍贵的和氏璧，衣饰上也是缀着宝珠，身上佩带着华贵的宝剑，乘坐的坐骑也是名贵的纤离马，竖立的更是用翠凤羽毛作为装饰的旗子。那您应该也一定知道，这些宝贵的物件，没有任何一项是秦国生产的。

"可现在，陛下对用人方面却不

是这样，您不问贤才之人是否可用，却只关注他们的来处，仅仅因为不是秦国的人才就要驱逐他们离开，说凡是客卿就都要驱逐。这样的做法只能说明，陛下看重的只是外表的珠玉声色而已。可是，这可不是您能用来驾驭天下、制服诸侯的方法啊！

"我曾经听说，田地广阔才能粮食丰裕，国家足够大人口才会多，而武器精良将士才会骁勇。正是因为这样，泰山因为不拒绝泥土，所以才能成就它的高大宏伟；而江河湖海不舍弃那些细支末流，所以能成就它的深邃；有志要建立王业的人绝对不会嫌弃民众，只有

李斯小篆琅琊台刻石拓片

这样才能彰明他的德行。

"因此，身为帝王应当明白，土地不分东西南北，百姓不论异国他邦。只有这样，才是三皇五帝无敌于天下的原因。而现在您抛弃的那些不是秦国的百姓，这样只会让他们去帮助秦国的敌国。您辞退那些非秦国的宾客，等于是把他们送给其他各诸侯国效力，这难道不是把武器给敌人、把粮食送给盗贼吗？"

李斯的奏疏，真是鞭辟入里、酣畅淋漓，看得秦王面红耳赤，马上派人把李斯追了回来，恢复了他的官职，并立马下令，撤销了那道逐客令。

《谏逐客书》与《过秦论》

《谏逐客书》	《过秦论》
战国李斯	西汉贾谊
驳论文，援引昔日客卿对秦国发展的积极作用来论证今日逐客的错误	立论文，以秦二世而亡的史实论证国君施行仁政的必要
援古证今，重在证，以历史的经验来证明今天做法的错误	以古鉴今，重在鉴，以秦速亡的历史教训，作为汉王朝建立制度、巩固统治的借鉴
层层推进，正反对比，环环紧扣，论证严密	欲抑先扬，由实到虚，层层推进，最后点明主题
大量的排比句中又间用散句，整齐中有变化，气势雄放不羁，开创了骈文之风	善用比喻和排偶，语言壮丽豪迈，情感充沛，气势逼人，富于文采

///// 少年中国史

> **前244年**

甘罗曰:"大项橐生七岁为孔子师。今臣生十二岁于兹矣,君其试臣,何遽叱乎?"

——《战国策·甘罗列传》

稚子上卿甘罗

自古英雄出少年,这句话用到甘罗身上恰到好处。他先采用类比,以潜在的更大威胁令张唐自愿出使燕国,但这只是他崭露头角的第一步,等获取吕不韦与秦王的信任后,他顺利得到出使赵国的机会,然后不费一兵一卒,便令秦国获益。

主角
甘罗

所处时代
战国末期

最初身份
吕不韦门客

初露头角
说服拒绝出使燕国的张唐接下出使任务

主要成就
出使赵国,说服赵国献城,为秦国谋取利益

官职
官拜上卿

主动请缨

甘罗(约前256年—?),战国末期人,天赋异禀,聪慧超于常人。其祖父甘茂曾是秦国十分有名望的政治家,做过秦武王时期的左丞相。后来,甘茂受到同僚的排挤而客死他乡,家道中落,甘罗投靠到吕不韦的门下做了一名门客,12岁时在吕府中担任少庶子一职。当时,吕不韦的门客无数,如果就这样苟且地待下去,很难有出头的日子。这对于年少又胸怀大志的甘罗来说,实在不甘心。在这个时候,命运出现了转机。

当初秦国与赵国大战,秦国大将蒙骜战死沙场,吕不韦以为蒙骜报仇为借

甘罗像
甘罗(约前256年—?),战国末期下蔡(今安徽颍上甘罗乡)人。战国时期秦国名臣甘茂之孙,著名的少年政治家。甘罗自幼聪明过人,小小年纪便拜入秦国丞相吕不韦门下,担任其少庶子。甘罗12岁时出使赵国,使计让秦国得到十几座城池,甘罗因功得到秦始皇赐任上卿(相当于丞相),封赏田地、房宅。其后事迹史籍无载。

口，想要攻打赵国，以扩大自己在河间的封地。于是，他派遣蔡泽到燕国，劝说燕国放弃同赵国的结盟，转而同秦国交好。秦国和燕国商议后，燕国决定派太子丹到秦国为人质，而秦国派大夫张唐到燕国为相，秦、燕两国结盟，共同攻打赵国。

然而，这样的决定让张唐无比担忧，他说："我曾经为了秦国多次攻打赵国，赵王一定早就恨我入骨，甚至还曾经扬言'如果有谁能够抓到张唐，我就赏赐他无尽的房屋和土地'。这次前往燕国，必须经过赵地，我恐怕会在路过赵地的时候被赵国偷袭谋害，所以我绝对是不能去燕国的。"张唐坚决不去燕国，这让吕不韦很难堪，但是谁都不能强迫他去。

如果张唐不去燕国，那燕国那边没法交代，不但无法与燕国结盟，还有损秦国颜面。吕不韦整日为了此事闷闷不乐、茶饭不思，甘罗看到眼里，便对吕不韦说："请大人给我一次机会，我能够让张唐去燕国。"

吕不韦一开始自然是不大相信他，觉得他还是孩子，竟然学说大人话。可这时甘罗却理直气壮地对吕不韦说："我听说，从前项橐不过7岁，就成为孔子的老师，而我现在都已经12岁了，您就不能让我去试一下吗？"吕不韦想了想，反正现在也没有别的办法，就答应了甘罗的请求。

战国燕·三足铜敦
盛食器和礼器，双环耳，圆腹，子母口，盖上铸三蛇首，下承三蹄足。现藏于河北博物院。

战国燕·印玺
方柱形，属燕系印玺，印文作一行竖排，上下紧密衔接，气脉贯穿，笔画圆润，左右留白较大。现藏于北京故宫博物院。

说服张唐

甘罗得到吕不韦的允许，便到张府来见张唐，他一见到张唐就单刀直入地问他："大人，我斗胆问一句，您的功劳难道比武安君白起的功劳还要大吗？"

张唐愣了一下，回答说："当年，武

战国燕·铜人

于易县燕下都遗址采集,现藏于河北博物院。铜人头戴扁平的箕状冠,身穿窄袖长袍,右衽矩形交领长袍,腰束革带,用带钩扣接,手捧似酒杯一样的筒状物,可能是高级官婢的形象。这件铜人为了解战国时期的服饰制度提供了珍贵资料。

安君向南攻打强楚,向北攻打赵国、燕国,战无不胜、攻无不克,为了秦国鞠躬尽瘁,而我的功劳又怎么可能比得上他的十分之一呢?"

甘罗又问他:"那么当初的应侯范雎和现在的文信侯吕不韦两个人,谁在秦国朝廷更加专权呢?"

张唐回答说:"应侯自然是不及文信侯的!"

甘罗说:"当年武安君白起就是因为应侯范雎而没能继续攻打赵国,之后又不服从应侯的命令而被撵出了咸阳,死在杜邮。而现在,文信侯吕不韦丞相的权力比当年的应侯可是要大得多,现在文信侯亲自请你去燕国为相,而你却迟迟不肯行,你居然这么胆大敢违抗他的命令,你的死期恐怕就要到来了!"

这样一席话,自然是吓得张唐面如土色。他心想:"这个小孩大概是吕不韦的说客,这次前来估计也是故意这么说的。"张唐不敢拿自己的性命开玩笑,前去燕国固然存在危险,但不去燕国那一定不会有好下场,于是乖乖地接受了出使燕国的任务。

出使赵国

张唐答应前往燕国后,他的行期也确定了下来。这时候,甘罗对吕不韦说:"麻烦君侯帮我准备五辆马车,让我先去赵国,为张唐顺利出使打通关节。"

吕不韦对甘罗成功劝说张唐很满意,于是就进宫把甘罗的请求报告给了秦王嬴政,他说:"现在的甘罗,是过去甘茂的孙子,虽然年轻,但很有才华,又因为他是名门之后,所以诸侯们都知道他这个人。张唐本不想去燕国,还是甘罗说服了他,让他答应前往。现在,甘罗提出自己愿意先到赵国,为张唐清除出使路上的障碍,请大王答应派他去。"秦王嬴政听后,立马召见了甘罗,他对甘罗的表现也十分满意,于是就派他前往赵国。

这天,赵国的国君赵悼襄王听闻甘罗要到来的消息,亲自来到郊外迎接。甘罗看到赵悼襄王,就问道:"大王,您可曾听说燕太子丹要到秦国做人质的事情?"

赵悼襄王回答说:"这件事,我好像听人说过。"

甘罗于是接着问:"那大王,您听说张唐要到燕国担任相国这件事吗？"赵悼襄王说："这件事情，我也有所耳闻。"

甘罗听后分析说："燕太子丹愿意到秦国来，就说明了燕国绝对是不敢背叛秦国的。张唐到燕国任相国，这又说明秦国不会欺辱燕国。燕、秦两个国家互相不会作战。所谓秦燕联盟这件事，无非也就是想抢夺赵国的河间之地罢了。您如果愿意把河间的5座城割让给秦国的话，我可以回去帮忙劝说秦王，取消张唐前往燕国的使命，从此断绝同燕国的联盟。到了那个时候，你们如果想要攻打燕国的话，秦国绝对不会干涉。所以，大王不如先送我秦国5座城邑，我请求秦王送回燕太子丹，再帮助你们来攻打弱小的燕国。"

听完这话，赵悼襄王立即划出了5座城邑，还把河间5城的地图交给了甘罗。就这样，秦国送回了燕太子丹，而赵国则有恃无恐地进攻燕国，夺得了上谷30座城邑，还让秦国得到了其中的11座城邑，燕国大败。

甘罗满载而归，秦王喜出望外，就封年仅12岁的甘罗为上卿，甚至还把当年封给甘茂的土地赏赐给了甘罗。而当时丞相和上卿的官阶实际上是差不多的，民间因此传出了甘罗12岁做丞相的说法。

秦始皇像
秦始皇（前259年—前210年）即位时15岁。甘罗12岁，天才少年，雄心天子。但甘罗英年早逝，史上没有记载，民间传说很多。

河南鄢陵县柏梁乡甘罗村甘罗祠
甘罗祠正门两旁有一副随意写就的对联，上联是：拆秦而视去了二三人仅余小子，下联是：破赵而观除了小月子只剩走卒。

前239年

吕不韦乃使其客人人著所闻，集论以为八览、六论、十二纪，二十余万言。……布咸阳市门，悬千金其上，延诸侯游士宾客有能增损一字者予千金。

——《史记·吕不韦列传》

一字千金的《吕氏春秋》

在战国时代，吕不韦的商业眼光与政治头脑绝对是首屈一指，身居高位后招揽门客、著书立说，为自己的外在形象加分，并用一字千金的方式来宣传《吕氏春秋》，使之名传天下。不得不说，他目的都达到了。

编著原因
吕不韦想提高名气，超越战国四公子，遂招揽门客，并著书立说

编著方式
有组织编写，吕不韦命门客各自撰写文章，之后让人遴选、分类、归纳，编撰成书

作品名称
《吕氏春秋》，别名《吕览》

创作年代
约前239年

宣传方式
悬于城门，改动一字者予千金

战国时期，人人称颂的"战国四公子"，以急公好义、豪爽慷慨著称。吕不韦掌握秦国权力重心后，自然也希望成为这样的人。但当时很多人仍把他看作一个商人，说他不过是凭着家财投机取巧罢了。实际上，吕不韦不仅是一个商人，还是一位杰出的政治家。

他很快就想出一个让自己扬名四方、提高政治身份的好主意。吕不韦首先在各地四处张榜，以相当优厚的条件，招收各路贤人异士。不久，他府上就聚集了大批门客，吕府门前也越来越热闹。人们

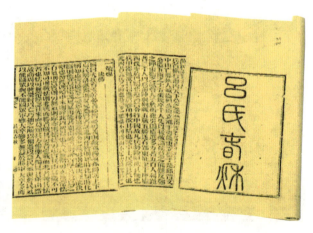

《吕氏春秋》书影
秦相吕不韦编著，是战国"百家争鸣"当中杂家的代表著作，综合了各学派思想观点，其内容兼及哲学、政治、历史、社会伦理、自然科学诸多方面，具有某种百科全书的性质。

争相称颂他如何礼贤下士，连"战国四公子"也不能与之相提并论。

短时内吕不韦就用他的商人思想为自己创造了超高的名气。但他心中清楚，眼下虽名震当世，但死后一场空。他思前想后，打算效仿诸子百家来著书立说，以让自己流芳百世。之前，他招揽门客，并不太看重猛夫勇士，而是更看重文才，所以他门下不乏学识渊博、善辩能言之士。吕不韦对门客们说，凡是能撰写文章者，只要能够把自己的所闻所见和感想都写出来，统统有赏赐。

就这样，吕不韦很快收到了一大堆文章，内容五花八门，涉及古往今来、天地万物、兴废治乱等。吕不韦命人进行筛选，又挑选几位著书立文的高手进行统一遴选、归类等，最后把它们综合起来，编撰成了一部书。这是一部共26卷，160篇，总共长达20余万字的著作，即后人所说的《吕氏春秋》。

他请人把全书都誊抄整齐，然后悬挂在咸阳城的城门上，并贴出告示：只要有人能把《吕氏春秋》中的文字任意增减或改动一个字，就赏赐千两黄金。这就是历史上广为流传的"一字千金"的由来。消息传开后，咸阳城的人们都蜂拥而至，所有人都争着阅读《吕氏春秋》。但无人对书上的文字加以改动。当然，这不一定就说明《吕氏春秋》字字珠玑，很有可能是当时人们都敬畏吕不韦的权势，不愿意出头。而吕不韦的目的也已经达到了，百姓们茶余饭后闲谈的话题只有一个，那就是那本一字值千金的奇书——《吕氏春秋》。

总的来说，吕不韦凭借这部书，提高了自己的外在形象。并且《吕氏春秋》在保留历史文化遗产方面有着巨大的作用，吕不韦也自然是功不可没。

《吕氏春秋》名句

欲胜人者必先自胜，欲论人者必先自论，欲知人者必先自知。

石可破也，而不可夺坚；丹可磨也，而不可夺赤。

善学者，假人之长以补其短。

言之易，行之难。

竭泽而渔，岂不获得？而明年无鱼。焚薮而田，岂不获得？而明年无兽。

事随心，心随欲。欲无度者，其心无度。心无度者，则其所为不可知矣。

以绳墨取木，则宫室不成矣。

得十良马，不若得一伯乐；得十良剑，不若得一欧冶；得地千里，不若得一圣人。

察己可以知人，察古可以知今。

流水不腐，户枢不蠹，动也。

前233年

> 嗟呼，寡人得见此人与之游，死不恨矣！
>
> ——《史记·老子韩非列传》

韩非遭嫉妒死狱中

韩非才华横溢，本应是华丽的韩国公子，但在韩国本土得不到重用，抑郁不得志。到了秦国，备受秦王赞赏，又遭人嫉恨，不明不白地死于狱中。这位法家之集大成者的个人命运悲剧，实在令人唏嘘感叹。大概是"木秀于林，风必摧之"吧。

主角
韩非（别称韩非子、韩子）

职业
思想家、哲学家、散文家

进谗者
李斯

结局
被同门毒死于狱中

主要成就
君主专制主义理论法家思想的集大成者

代表作品
《韩非子》

韩非像

韩非（约前280年—前233年），又名韩非子，汉族，生于战国末期韩国的都城郑城（今郑州新郑郑韩故城遗址），战国末期杰出的思想家、哲学家和散文家。

战国后期，韩国有一位贵族名为韩非，虽然才华横溢，但不得韩王重用。他曾多次向韩王提出富国强兵的策略，但当时的韩釐王胆小又不敢改变现状，对韩非的建议也不放在心上。

韩非苦于在政治上无法实现自己的抱负，又患有口吃的毛病，干脆闭门不出，专心研究典籍，并在这段时间里写出了《孤愤》《五蠹》等一系列文章。他的文章大气而不失条理，作品后来集成了《韩非子》一书，被后世传颂。

当时秦王嬴政偶然间读到了韩非的文章，大为赞赏，他对韩非的观点非常认同，认为韩非定是一个极其富有才能的人，甚至还对左右近臣说："寡人如果有机会能够见到这个人，那可真是死而无憾了。"

后来，秦国攻打韩国，韩釐王无奈，只得让韩非出使秦国。秦王见到韩非，很是喜欢。李斯见韩非备受秦王器重，心有嫉妒。韩非的才学的确是无人能及，这样下去，如果秦王重用韩非，那李斯的地位或许就保不住了。况且韩非是韩国公子，李斯主张统一六国首先是灭掉韩国，双方在政见上恐怕会不合。于是，李斯决定排挤打压韩非。

实际上，李斯和韩非都曾拜在儒家著名大家荀子座下，学习过有关治国的知识和道义。因此两人也是同窗关系。

但现在，同窗之谊已无。李斯向秦王进言："韩非的身份毕竟还是韩国贵族，虽然他现在身在秦国，但他的最终目的肯定还是为了韩国而着想，即便是现在看不出来，日后也必定是一个隐患。与其如此，倒不如现在就找机会把韩非杀掉，这样就没有后患了。"

当时的秦王嬴政十分信任李斯，对李斯提出的建议几乎是言听计从。他听信了李斯的建议，把韩非投入监狱问罪。为免夜长梦多，李斯私底下派人在给韩非送去的饭菜中下了毒，并督促人叫韩非吃下去。就这样，韩非甚至都还没有做出任何作为就冤死狱中。

不久，秦王想起韩非的非凡学识，越想越后悔，就派人到监狱里赦免韩非。然而，一切都已经晚了，当送信人姗姗来迟，得到的却只是韩非已经去世的消息。

其实，韩非绝对不只是一般的学者。虽然韩非师出荀子，学习了儒家知识，但他在法家上的建树却无人能敌。他将商鞅的"法"、申不害（韩国著名法家）的"术"和慎到（专攻黄老之术，法家创始人）的"势"熔为一炉，

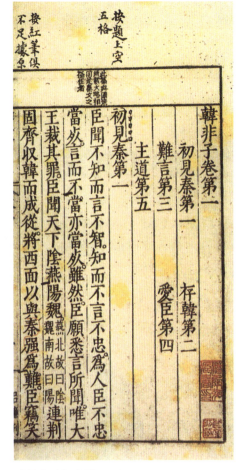

《韩非子》书影
明万历年间刻本。《韩非子》是先秦法家集大成者韩非的著作，又称《韩子》，春秋战国时期法家思想的主要代表作之一。

主张以法治国，是法家的集大成者。而且，韩非还是位哲学家，将老子的辩证法和朴素唯物主义融为一体。这些才华，自然是李斯比不过的。

当年李斯曾在秦王下达逐客令时，主动写了一篇传世的《谏逐客书》，主张反对逐客，劝说秦王要从各个诸侯国引进人才。但到头来自己却妒贤嫉能，把嬴政欣赏的人才陷害致死。

> 前229年

秦多与赵王宠臣郭开金,为反间,言李牧、司马尚欲反。赵王乃使赵葱及齐将颜聚代李牧。李牧不受命,赵使人微捕得李牧,斩之。

——《史记·廉颇蔺相如列传》

良将李牧冤死

大敌当前,赵王却亲近奸佞,诛杀了保卫国家的李牧。在这之后,仅仅过了三个月,王翦就率兵大败赵军,破了邯郸。而反观秦国,秦王十分信任本国主帅,王翦得以顺利地攻灭赵国。从君主知人善任的能力来说,赵国的失败是必然的。

原因
秦连年攻赵,却多次被李牧阻止

用计者
秦王和王翦

信谗者
赵王迁

计谋
反间计

结果
李牧冤死三月后,王翦率军攻破赵国首都邯郸

李牧像
李牧(?—前229年),嬴姓,李氏,名牧,柏仁(今河北隆尧)人,战国时期的赵国军事家,与白起、王翦、廉颇并称"战国四大名将"。

李牧抗秦

秦王政十四年(前233年),秦王嬴政指派大将王翦、桓齮率领军队进攻赵国。赵王迁听闻十分担忧,连忙任命李牧为大将军,司马尚为副将,拼尽全国的军力来抵抗前来入侵的秦军。

李牧(?—前229),是继廉颇、赵奢之后赵国最重要的大将,他的骁勇善战在赵国极为出名。当时,他正在北方的边界防备匈奴的进攻。因为秦军的到来,他被调配到南边去抵抗秦军。

李牧先率领着主力军队同邯郸派出的另一支赵军会合,然后就准备在宜安(今河北藁城西南)附近与秦军对峙。一开始,他就认为秦军连续获胜,士气已经很高了,如果太过仓促地上前迎战,肯定不容易取得胜利。于是,李牧决定筑起营帐,让军队原地休整,任凭秦军怎么叫阵也拒不出战,一直等到秦军疲惫不堪

以后再伺机反攻。

而秦将桓齮认为,秦军现在是远距离作战,必须速战速决。因而,他率领着主力军队进攻到了宜安(今河北藁城市西南)附近的小城池,想要诱导赵军前来支援。然而,李牧早就看出秦军的作战意图,所以仍是按兵不动。

不久,秦军的主力因调到别处攻城而离开了军营,因此秦军营里的兵力处于十分薄弱的状态。由于李牧的策略,赵国军队此前一直都采取防守的作战方法,坚决不肯出战,所以秦军以为这就是赵军的常态,便疏于戒备。

李牧看到这样的机会,立马率领军队一举攻破了秦军的大营,一次就俘获了全部留守营帐的秦军。大败秦军之后,李牧知道桓齮一定会马上赶回来救援,便让人在回程路上暗暗设下了埋伏。秦军果然中计,经过一场激烈的战斗,李牧率领的军队顺利打败了秦军的主力。

这一仗,赵国战胜了秦国,赵军士气大振,百姓也举国欢庆。赵王迁对李牧取得的胜利自然是十分欣喜,遂封李牧为武安君,并且夸奖他是赵国的"长城"。

秦行反间计

秦王政十五年(前232年),秦王嬴政再次派秦军入侵赵国。这次,赵国依旧派出了李牧率军抗击。

邯郸的南边有漳水和赵国长城,

李牧设计退匈奴

《史记》载:战国时赵国大将李牧驻守雁门,匈奴多次来犯,李牧都坚守不出。兵士们认为李牧怯敌畏战便上奏赵王,赵王闻讯大怒,将李牧贬为庶民,另派军队抗击匈奴,但赵军出战多次失利,边关告急。赵王不得不起用李牧。李牧重镇边关后仍坚守不出,但亦加紧训练士卒,积极备战。时机成熟后,李牧设计引诱匈奴前来,之后布下奇阵大破匈奴。

这让秦军很难迅速突破,与赵军对战。分析了一番局势后,李牧决心采取南守北攻的策略。他的战略十分有效,再次重挫秦军,令秦军败走。

秦王政十八年(前229年),赵国由于连年战乱,再加上频繁的自然灾害,国力大不如前。秦国又趁机大举进攻,但遇上李牧,仍难以取胜。李牧连败秦军,名声大震。

秦将王翦看到秦军损兵折将,明白只要赵国李牧还在,秦军在战场上就

《广名将传》之李牧

李牧良将，为赵守边。市租入幕，缝士无厌。烽火独谨，骑射习兼。边患即入，牧保火先。不许浪战，战则斩焉。尽以为怯，易将失千。战不得一，败亦失千。再请牧出，法只如前。士感愿战，然后兵添。出其不意，诱其兵寒。一战破之，胆落心寒。不敢犯境，十有余年。如此功业，宜标凌烟。一不奉命，为将难言。呜呼哀哉，

——明·黄道周

不可能速胜。于是他叫人向秦王禀报了当前局势，决定使用反间计，找人设法去离间赵王和李牧两人的关系。

秦人打听到，赵王迁身边有一个宠臣叫郭开，这个人贪婪腐败，只认钱财。于是，王翦偷偷派人去了赵国的都城邯郸，用重金收买了郭开，并要求他想方法离间赵王与李牧。郭开照办，在赵国到处散布流言蜚语，诽谤李牧与司马尚勾结秦军，还说他们准备背叛赵国。于是，一张构陷的大网悄悄张开，铺向了李牧。

赵王迁昏聩无能，是个喜欢别人阿谀奉承的君主，十分宠信善于溜须拍马的郭开。郭开不断地在他面前说李牧的坏话，赵王迁虽然起初不信，但慢慢地，也开始怀疑李牧，认为"李牧要谋反"并非没有可能。

自毁长城

郭开等人在邯郸散布流言的同时，王翦又写信给李牧，假意表示要进行和谈。对于这样的信件，李牧自然是要回复的。就这样，两个人接连通了几次信。而让李牧没有想到的是，这些书信却恰好成为郭开手中的把柄。

郭开等人对赵王迁说："现在赵国的军队基本上都掌握在李牧的手中。大王这么信任他，没想到他却在跟秦国谈判，准备去投降秦王！"

对这个说法，赵王迁一开始自然是不相信的。然而，郭开又接着说："李牧这个人这么厉害，他去抗击匈奴的时候，让匈奴们再也不敢到边境惹是生非；上次王翦率领秦国军队来犯，也这样被他打败了。可是这一次，秦军的人马并不算多，李牧却一直等着，迟迟不愿意动手。大家私下里都在讨论，这里面一定有些不可告人的原因。大王，我们可是听说他早就同王翦勾结上，私下里还经常通信！"

赵王迁赶紧派人去了解情况，发现李牧与王翦确实有过书信往来。昏聩的赵王迁气急败坏，没有深究事情的真相，就立即委派宗室赵葱和齐国投奔过来的颜聚去取代李牧和司马尚。一心为赵国而战的李牧接到这样的命令，奉行"将在外，君命有所不受"，为国家和百姓安危考虑，他没有从命。

赵王迁更加相信他要背叛赵国，越想越生气的赵王迁竟暗中布置了圈套，斩杀了李牧，对司马尚则弃而不用。

或许李牧至死都想不到，自己会落得如此悲惨下场。李牧一世英名，最终却毁于赵王与奸人之手。赵王迁杀死李牧，就等于是"自毁长城"，秦军没有了任何阻力，就能长驱直入了。

秦王政十九年（前228年），王翦得知秦国的反间计进行得十分顺利，于是就发动猛攻，击败了赵军。随后，秦军趁势围攻了邯郸，逼得赵王迁不得不出城投降。

从邯郸逃出的赵国大夫则到了代地（今河北蔚县西南），拥立了公子嘉为王，但赵国已经是名存实亡了。

六年后，公子嘉也被秦军俘虏，赵国就这样彻底灭亡了。那个曾经经赵武灵王锐意改革、强盛一时的赵国，就这样在昏庸君主的领导下烟消云散。

雁门关镇边祠

位于关城天险门外东侧，明正德元年（1506年）为纪念战国时赵国守关大将李牧而建，称武安君庙，俗称李牧祠。李牧守边十余年，威镇塞北，使匈奴始终不敢越雁门半步，因而成为后世守关将士的楷模而被建祠奉祀。清朝雁门关内外归于一统，兵戈止息，军防遂撤，李牧祠逐渐堙废。咸丰六年（1856年），僧人善全在武安君庙旧址上，兴建佛寺，改名护国镇边寺。虽为佛寺，但殿内仍塑李牧将军像，镇边寺遂成为以佛寺为主、兼祀李牧的复合建筑。善全改建的镇边寺规模宏大，占地面积3190平方米，建筑面积1510平方米，是雁门关最具规模的建筑群之一。1937年日军占领雁门关后使镇边寺遭到毁灭性破坏，再加之多次劫难，寺院地面建筑尽数遭毁，仅存地基。2009年以来按原样复建后改名镇边祠，成为展示李牧、薛仁贵、杨家将等西周至明朝2600多年间的守关名将事迹的主题展馆。

> 前227年

图穷而匕首见。因左手把秦王之袖，而右手持匕首揕之。

——《史记·刺客列传》

荆轲刺秦王

风萧萧兮易水寒，壮士一去兮不复还。明知前路未卜，刺杀成功概率很低，荆轲仍毅然前往秦宫刺秦。虽然刺杀行动失败，但其明知不可为而为之的英雄气概仍值得后人称颂。

主角
荆轲

职业
刺客、游侠

刺杀对象
秦王嬴政

主使人
燕太子丹

刺杀地点
秦国大殿

刺杀工具
藏在地图里的匕首

相助者
樊於期（原秦国将领，受秦迫害）

结果
刺杀失败，荆轲被杀

荆轲像
荆轲（？—前227年），姜姓，庆氏。战国末期卫国朝歌（今河南鹤壁淇县）人，也称庆卿、荆卿、庆轲，是春秋时期齐国大夫庆封的后代。喜好读书击剑，为人慷慨侠义。

田光荐士

秦王政十九年（前228年），秦军攻打赵国，一路势如破竹。若赵国国破，那燕国也岌岌可危。燕国的太子丹曾在秦国做过人质，十分痛恨秦国，面对燕国的危势，他心急如焚，积极寻求救燕之策。

这时候，秦国的将领樊於期因获罪于秦王，全家被杀，只身逃到了燕国。太子丹待他如上宾，燕国太傅鞠武劝谏道："秦王残暴，又一直对燕国虎视眈眈，如果知道樊将军在这里，那燕国的灾祸就难以避免了。您还是赶紧让樊将军到匈奴去，以免走漏风声。请再让臣去联合三晋和齐楚两国，共同对付秦国吧。"

太子丹说："您的计策旷日持久，一时难以奏效，而我恐怕是一刻也等不了了。况且樊将军走投无路才来到这里，我怎么能因

为秦国的威胁而抛弃朋友呢？您还是另想想其他的办法吧。"

于是，鞠武向太子丹举荐了田光，他说此人深谋远虑，或许可以和他商量商量。太子丹急忙让鞠武引见田光。当田光到来时，太子丹跪着迎接，十分恭敬地侍奉他，然后向他请教救燕之道。田光说："我已经年老，精力也已衰竭。但我不敢耽误国事，我的朋友荆轲可以担负这个使命。"太子丹又急忙请他介绍荆轲给自己认识，田光点头答应。田光告辞时，太子丹告诫道："我和先生谈的都是国家大事，希望您不要泄露出去。"

田光去见了荆轲，说道："我和您的交情无人不知。现在太子请我想救燕之策，但他听说的都是我年轻时候的事，现在我已无能为力了，所以我把您举荐给太子，希望您到太子那里走一趟。"荆轲点头答应，田光又说："有气节的侠客，为人做事不让人怀疑。希望您马上去见太子，就说我已经死了，以此表明我没把国家大事泄露出去。"说完，田光就自刎而死。

樊於期献头

荆轲去见了太子丹，告诉他田光已经死了，并转达了他的临终遗言。太子丹哭道："我之所以告诫田先生不要泄密，是想实现重大的计划，并不是要田先生死啊。"之后，他向荆轲拜道："如今秦国贪得无厌，赵国即将灭亡，

易水送别图
清吴历绘。描绘的是秦王政二十年（前227年），燕太子丹易水边送别荆轲的情景。

燕国也将大祸临头。燕国国小，即使举全国兵力也无法抵抗秦军。我想找一位天下最勇敢的人去出使秦国，用重利引诱秦王，然后借机行事。如果能劫持他，让他归还侵占的各诸侯土地，那最好不过了；如果秦王不答应，那就杀死他，这样秦国必会大乱，我们再联合各国共同抗秦，一定能成功。只是现在我不知道把这个使命托付给谁，请先生帮我想想办法。"

荆轲思忖良久，说："我能力低下，恐怕不能胜任。"但太子丹上前叩首，再三请求，荆轲只好答应下来。于是，太子丹尊荆轲为上卿。但过了很久，荆轲仍没有行动。此时，秦军已攻破赵国都城，俘虏了赵王，并一直打到燕国的南部边境。太子丹十分心急，催促荆轲动身。荆轲说："如果没有信物，去了秦国也无法接近秦王。如今秦王以重金悬赏缉拿樊将军，如果能得到樊将军的人头，再献上燕国督亢的地图，秦王一定会愿意接见我，这样我才有报效太子的机会。"

太子丹不忍心杀樊於期，荆轲便私下去见了樊於期。樊於期正因为全家被秦王所杀，日夜思索如何报仇。荆轲说："我现在有一个建议，既能解燕国之危，又可以为您报仇，您看怎么样？"樊於期向他请教，荆轲便说了希望能得到他的首级去进献给秦王的打算，樊於期听了，袒露出一条臂膀说："我日夜咬牙切齿、痛彻心扉，只为能报仇雪恨，没想到今日在您这儿得到了指引。"说完，就毫不犹豫地自杀了。

壮士出发

樊於期死后，太子丹大哭了一场，无奈用匣子盛放了他的首级。这时，太子丹已经派人寻得一把天下最锋利的匕首，上面淬了毒药，只要用它割破人的一点肌肤，就能置人于死地。一切准备停当，他准备送荆轲动身。

燕国有个叫秦舞阳的勇士，13岁时杀过人，别人都不敢正眼瞧他，太子丹派他做荆轲的助手。荆轲却说："我在等我的另一个朋友，想让他作为我的帮手，这样胜算会更大一些。"为此，他又滞留了几天。太子丹嫌荆轲行动缓慢，担心他反悔，便催促道："时间已经不多了，难道您不打算去了吗？不然，让我先派秦舞阳去吧。"荆轲生气地说："只顾去而不顾完成使命回来，那是没出息的小子！我之所以不动身，是因为在等我的朋友。现在您嫌我行动缓慢，那就诀别吧。"

于是，荆轲出发了。太子丹和其他知道此事的宾客都穿戴着白衣、白帽，来为荆轲送行。在易水（今河北西部）岸边，荆轲的朋友高渐离击筑奏乐，荆轲和着乐声，悲怆地唱道："风萧萧兮易水寒，壮士一去兮不复还。"在场的人听了，都暗暗抽泣。

荆轲线描像

《咏荆轲》

燕丹善养士,志在报强嬴。
招集百夫良,岁暮得荆卿。
君子死知己,提剑出燕京;
素骥鸣广陌,慷慨送我行。
雄发指危冠,猛气冲长缨。
饮饯易水上,四座列群英。
渐离击悲筑,宋意唱高声。
萧萧哀风逝,淡淡寒波生。
商音更流涕,羽奏壮士惊。
心知去不归,且有后世名。
登车何时顾,飞盖入秦庭。
凌厉越万里,逶迤过千城。
图穷事自至,豪主正怔营。
惜哉剑术疏,奇功遂不成。
其人虽已没,千载有余情。

——晋·陶渊明

刺秦失败

秦王政二十年（前227年），荆轲一行人来到了秦都咸阳。他先用贵重的财物买通了秦王嬴政的宠臣蒙嘉，蒙嘉替他在秦王面前美言道："燕王惧怕大王您的威势，情愿臣服于秦，向秦国进奉贡品。如今，他取了樊於期的首级，又献上督亢的地图，派使者给大王送来了。"

秦王嬴政听了，欣喜不已，立马在咸阳宫接见荆轲。这一天，荆轲捧着装了樊於期头颅的匣子，秦舞阳捧着督亢的地图，依次走进咸阳宫大殿。秦舞阳走到宫殿台阶下时，吓得脸色突变，浑身发起抖来。秦国的大臣们见了，都很奇怪，荆轲回头笑了笑，上前向秦王谢罪道："他乃北方荒野粗人，从来没见过大王的威严，所以害怕，还请大王见谅。"

秦王嬴政让荆轲把地图拿上来。荆轲接过地图，进献上去，打开卷轴地图，那把事先藏在里面的匕首就露了出来。顷刻之间，荆轲便用右手抓起匕首，左手扯住秦王的衣袖，向秦王刺去，可惜没能刺中。秦王大吃一惊，急忙起身挣脱，把袖子都挣断了。他想拔剑，但剑身太长，一时拔不出来。荆轲在后面拿着匕首追赶，他只好绕着柱子逃跑。按照秦律，大臣们进殿是不能携带任何兵器的，而武士们又都守在殿外，没有秦王的命令不得入殿。

一时间，秦宫大殿内乱作一团，群臣不知如何营救秦王。情急之下，御医夏无且将随身携带的药袋投向荆轲，秦王这才趁机将剑背到身后，拔出剑来。他挥剑砍断了荆轲的左腿，荆轲站立不住，倒在地上。他拿起匕首向秦王扔过去，但没有击中，匕首扎在了柱子上。荆轲自知事情失败，靠在柱子下大笑道："我之所以没能成功，是想活捉你，逼你归还侵占的土地的。"这时，秦国的武士们已经赶上殿来，结束了荆轲的性命。

荆轲的刺杀给了秦攻燕的借口，大军压境之下燕军节节败退，燕王喜无奈杀了太子丹以求和，但这并没能阻止秦国前进的脚步，最终燕亡。

> 前224年

王翦为秦将，夷六国，当是时，翦为宿将，始皇师之然不能辅秦建德，固其根本，偷合取容，以至殁身。

—《史记·白起王翦列传》

王翦败楚

战国末期，灭楚之战是非常重要的战役。王翦作为帅才的运筹帷幄，大格局眼光，以及老将用兵的非凡谋略，掌握战机，都比其他主帅高明许多。因此先前李信失败而归，而后王翦能一举灭楚就没有什么好奇怪的了。

出征原因
秦将李信攻楚不利，秦王遂起用老将王翦

双方军队
秦军60万，楚军40万

双方将领
秦：王翦
楚：项燕

秦军策略
大兵压境却按兵不动，待楚军放松警惕再一举击之

战争结果
项燕被杀，楚国灭亡

王翦像
王翦（生卒年不详），战国时秦国名将，关中频阳东乡（今陕西富平东北）人，杰出的军事家，主要战绩有破赵国都城邯郸，消灭燕、赵；以秦国绝大部分兵力消灭楚国。与其子王贲一并成为秦始皇剪灭六国的最大功臣。

辞官回乡

秦王政二十二年（前225年），秦国出兵灭掉了魏国。秦王政二十三年（前224年），秦王嬴政又决定灭掉楚国，他同时问李信和王翦灭掉楚国需要多少兵力，李信回答说："不超过20万。"秦王大喜。王翦却说："非60万人不可！"秦王说："王将军老了，胆怯啊！"于是派遣李信和蒙恬率领20万人进攻楚国。王翦便以身体有病为理由，辞掉官职回到老家频阳（今陕西富平东北）去了。

李信带领秦军进攻楚国，楚军为保存实力，一开始故意示弱，且战且退，待秦军进攻楚国的鄢、郢，又向西推进时，楚军便紧紧跟在秦军的后边，用保留的精锐部队突袭李信，打破秦军两营的兵力。李信的军队被拖得疲惫不堪，遭到惨败，有七个都尉被楚军斩杀。这是秦国灭六国之战以来少有的败仗。

秦王听到这个消息，又是震惊又是恼怒，此时才明白李信带兵根本不可能

灭掉楚国。于是亲自到频阳向王翦道歉："寡人不采用将军的计谋,使李信玷辱了秦军的声威。将军虽然有病,难道忍心丢下寡人不管吗!"王翦推托说:"我身体有病,不能带兵。"秦王说:"从前的事不要再说了!请将军一定要答应我出战,攻打楚国!"王翦说:"如果大王一定要让我带兵攻楚,非得60万人不行!"秦王说:"那就听从将军的安排吧。"于是,王翦从老家回到咸阳,秦王也将60万大军都交到他手上。

王翦出山

王翦率军出征之前,要求秦王赏赐给他良田美宅。秦王说:"将军出发吧,难道还担心自己养老的问题吗?"王翦直言道:"趁着大王任用我的时候,讨些田宅来作为留给子孙的产业。"秦王大笑。王翦出发后,竟又先后派5批使者回去向秦王讨封良田。有人说:"将军讨封赏也未免有点太过分了!"王翦说:"大王粗心大意而又不信任人,现在倾尽国内兵力委托我独

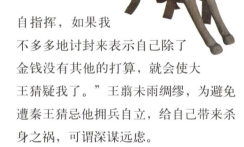

王翦设计灭楚故事雕塑
王翦一生征战无数,他智而不暴、勇而多谋,在当时杀戮无度的战国时代显得极为可贵。

自指挥,如果我不多多地讨封来表示自己除了金钱没有其他的打算,就会使大王猜疑我了。"王翦未雨绸缪,为避免遭秦王猜忌他拥兵自立,给自己带来杀身之祸,可谓深谋远虑。

王翦认真分析了李信失败的原因。李信是勇将出身,以往打仗多在前线领兵冲锋,他冲锋陷阵取胜的基础,是背后统帅的运筹帷幄,勇猛只是他打胜仗的一部分原因,但不是全部。所以,李信虽也身经百战,但勇猛有余,

周凤不鸣,秦虎方视。
将争善战,图一得志。
破赵匪难,取燕孔易。
战乃既败,频伤无愧。
秦兵载授,祖龙服义。
菑田垂读,深谋自遗。
六十万卒,恒恒楚地。
乃献负过,终平楚暨。
——宋·陈元靓

王翦

智谋不足。在李信看来，只要攻陷楚国都城郢都，就能彻底打击楚国的士气，战争也就结束了。但是攻陷郢都，只要楚国的贵族和楚军逃走，他们一样可以在另外的地方集结。这样不但不能击溃楚军，反而激发楚军复仇的决心。而秦军因为兵力不够，对于占领的地方不能把守，秦军吃败仗只是时间的问题。

而王翦作为老将，更有大格局眼光。他的目的很明确，就是要使楚国灭亡，而灭掉楚国必须彻底击溃楚军。楚军因为楚国的封君制，都分散在楚国各地。只有将其集中起来，才能彻底消灭。而如何让各地的楚军集中起来呢？办法很简单——重兵压境，而且军队越多越好。王翦带60万大军到达楚国，楚军深感事态严重，果然完成集结前来迎战强敌。这样，就为秦军击溃并且全歼楚军提供了可能性。

一举灭楚

果然，当王翦率领60万大军到达楚境之后，楚国的40万大军也完成集结。王翦有着必胜的信念，但是李信带领的秦军刚刚失败，逃回的秦军将失败的阴影传递给全军，所以王翦此时最重要的任务是稳定军心。他带兵进入楚地后，只是按兵不动。

楚军这边因为刚刚打败了李信，士气旺盛，正准备和秦军大战一场。但是，楚国主将项燕却不懂得用兵时机，被秦军的人数和气势所震慑，一时也不敢轻举妄动。于是双方大军进入对峙状态，这一对峙竟长达一年时间。而战场的态势，就在双方的对峙中发生了根本性转变。在过去的一年中，王翦每天只让士卒休息洗浴，吃好喝好，安抚他们，并亲自同士卒一起用饭。一年后，王翦派人探问："军中在玩什么？"回答说："玩投石游戏。"王翦知道士兵们已经走出失败的阴影，恢复了信心，便肯定地说："可以出兵了！"

而楚军这边，项燕的判断完全失误，他在己方士气正盛的时候按兵不动，贻误了战机。长达一年的对峙过后，他对秦军重兵压境的目的都产生了深深的怀疑，甚至认为秦军是因为上次李信战败之后，担心楚军报复，才重兵防守边境，大概并没有想真的攻打楚国。之后楚军又多次挑战，王翦始终不肯出兵。项燕见找不到战机，放松了警惕，竟决定全军回撤，向东转移。

王翦看到时机成熟，在楚军转移之际出兵追赶，命令全军发起全面攻击。秦楚之战这才正式开始。楚军因为放松戒备，竟无招架之力，很快兵败如山倒。秦军一直将楚军追赶到蕲南地区，并杀死了楚将项燕。楚国全线溃败，王翦便乘胜占领了楚国各地城邑，最终灭亡了楚国。

秦始皇二十六年（前221年），王翦的儿子王贲率秦军伐齐，最后一个诸侯国灭亡。秦国统一天下，秦王嬴政建立了大秦王朝。

战国·彩漆双鹿角镇墓兽
斫木胎,由鹿角、兽形首、方形底座三部分拼合而成。通体髹黑漆,底座光素无纹,兽头口吐朱漆长舌,双目外凸,兽头上插鹿角,兽身绘朱彩S形卷云纹和菱形纹。此种镇墓兽是除楚墓以外其他战国墓中不多见的特殊之物,具有鲜明的地域特点和时代特征。镇墓兽最早见于战国楚墓,流行于魏晋至隋唐时期,五代以后逐步消失。现藏于英国伯明翰博物馆。

> 战国时期

凡诸子百家，……蜂出并作，各引一端，崇其所善，以此驰说，联合诸侯。

——《汉书·艺文志》

百家争鸣

战国时期，社会经济蓬勃发展，这为文化发展提供了物质条件。诸侯国为了富国强兵，也纷纷招贤纳士。私学兴起，形成许多思想流派。社会发生了急剧变化，各学派因之激烈争辩，著书立说，阐述各自的思想和政治主张，从而形成了战国时代"百家争鸣"的文化盛况。

时期
春秋战国

相关人物
孔子、墨子、老子、荀子、韩非子等

主要学派
儒、墨、道、法、纵横、名、阴阳等

活跃地点
魏国的稷下学宫

战国时期，各诸侯国对士人往往都采取宽容的政策，允许学术自由。这就为士人著书立说、发表个人的意见，创造了良好的条件，从而大大促进了战国时期的思想解放。战国初期，各诸侯国先后进行了变法改革。新兴地主阶级在各诸侯国都把主要

百家争鸣浮雕
百家争鸣时代，出现了对后世影响深远的一大群思想家、哲学家、教育家，这个巨型浮雕群像突出的有老子、孔子、墨子和诸子百家十余人之多。

儒家创始人孔子
儒家学说简称儒学,是中国影响最大的流派,也是中国古代的主流意识。儒家学派对中国、东亚乃至全世界都产生过深远的影响。

精力用于政治、经济、军事方面的变法改革，以致地主阶级的意识形态，在相当长的时期内落后于经济基础和上层建筑的其他方面。由于居于统治地位的地主阶级，本身政权还不巩固，他们的思想也还没有成为封建社会的统治思想，这就为诸子百家争鸣局面的出现创造了有利条件。春秋中后期至战国时期社会的各阶级、阶层的思想家，都能够自由地著书立说和四处奔走宣传自己的思想和主张，并不受地主统治阶级统治思想的排挤和束缚。

所以说，战国时代不仅是中国文化空前繁荣的时代，而且在整个中国封建社会文化的发展中，也是一个十分灿烂的时代。战国时代给后世留下了丰富的精神文化遗产，奠定了中国封建社会文化的基础。

儒家

儒家是战国时期重要的学派之一，它以春秋时孔子为师，以六艺为法，崇尚"礼乐"和"仁义"，在政治上，主张以礼治国，以德服人，呼吁恢复"周礼"，并认为"周礼"是实现理想政治的理想大道。

儒家学派在孔子以后发生分裂，至战国中期孟子成为代表人物。孟子名轲，字子舆，战国时期邹国人，是孔子的嫡孙子思（名孔伋）的弟子，有"亚圣"之称。孟子的主张是复古倒退的，当时许多诸侯都认为不合时宜。他主张"仁政"，进一步提出"民为贵，社稷次之；君为轻"。他的伦理观是"性本善"。

儒家在战国时期的代表人物还有荀子。荀子名况，时人尊他为荀卿。在政治方面，他主张"仁义"和"王道"，"以德服人"。荀子认为人生来就有感官上的要求，饿了要吃饭，冷了要穿衣，这就形成了人们"好利""好声色"的本性需求。但是，通过学习礼仪，通过法治，可以使小人变为君子，普通人变为圣人，荀子的这种主张，被称为"性恶论"。荀子改造儒家思想，综合了法家和道家思想的积极合理成分，使儒家思想更能适应社会的需要。

孟子、荀子对儒家思想加以总结和改造，又吸收了一些其他学派的积极合理的成分，使儒学体系更加完整，也使儒家的思想更能适应社会的需要。战国后期的儒学发展成为诸子百家中的佼佼者！

木刻朱熹集注《孟子》

清刊本。孟子弟子及再传弟子将他的言行记录成《孟子》一书，属语录体散文集，是孟子的言论汇编，由孟子及其弟子共同编写完成，倡导"以仁为本"。

孟母教子图

孟母,孟子的母亲,仉氏。孟轲早年丧父,孟母尽心教子成材,三迁择邻、断机教子的故事千百年来,妇孺皆知。

道家

缂丝老子骑牛图轴

道家是战国时期重要学派之一,以春秋末年老子关于"道"的学说作为理论基础,以"道"说明宇宙万物的本源、构成和变化。认为天道无为,万物自然化生,主张道法自然,顺其自然,提倡清静无为,守雌守柔,以柔克刚。政治理想是"无为而治"。

道家学派的创始人是老子。老子姓李名耳字聃,楚国人,约与孔子同时期,出身于没落贵族。反映他思想的书为《老子》,又名《道德经》,是由战国时期道家学派整理而成。

道家在战国时期的代表人物是庄子,名

梦蝶图

元刘贯道绘。此图取材于"庄周梦蝶"的典故,将此场景置于炎夏树荫。童子抵树根而眠,庄周袒胸仰卧,鼾声醉人,其上一对蝴蝶翩然而乐,点明画题。庄子(约前369年—前286年),名周,宋国蒙(河南商丘或安徽蒙城)人,曾任漆园吏。著名思想家、哲学家、文学家,是道家学派的代表人物,老子思想的继承者和发展者。后世将他与老子并称为"老庄"。

四库全书中《庄子》书影

《庄子》又名《南华经》，原52篇，现存33篇，属道家经文，内容想象奇幻，构思巧妙，具有浪漫主义的艺术风格，瑰丽诡谲，意出尘外，是先秦诸子文章的典范之作。其中最早提出的"内圣外王思想"对儒家影响深远。

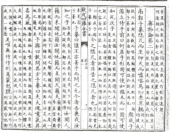

周，战国时期宋国人，出身于没落贵族家庭，曾做过宋国漆园吏的小官，后来厌恶官职，"终身不仕"。《庄子》一书，是由他和门人编成的。其中《逍遥游》是与《道德经》齐名的道家经典。

庄子的思想是以老子的学说为基础而发展的。《庄子》一书更像以故事的形式对道家学说加以解说。其中的语言形式对中国的古代小说和传奇的文本表达有重大的影响。道家思想一切讲究自然，不可强求，与儒家思想相反。

庄子认为，水行要乘船，陆行要乘车，治理国家也一样，要顺其自然，"无为而治"。庄子批评孔子在鲁国想要恢复西周制度的做法，就像在陆地上推船，劳而无功。

墨家

墨家是战国时期重要学派之一，创始人为墨翟。这一学派以"兼相爱，交相利"作为基础：兼，视人如己；兼爱，即爱人如己。"天下兼相爱"，就可达到"交相利"的目的。政治上主张尚贤、尚

墨子

墨子（生卒年不详），宋国（今河南商丘）人，一说鲁国（今山东滕州木石）人，是战国著名思想家、政治家、科学家、军事家。他提出了"兼爱""非攻""尚贤""尚同""天志""明鬼""非命""非儒""非乐""节葬""节用""交相利"等观点，创立墨家学说，并有《墨子》一书传世。

同和非攻；经济上主张强本节用；思想上提出尊天事鬼。同时，又提出"非命"的主张，强调靠自身的强力从事。

墨家创始人墨翟是战国初期宋国人。他的思想代表了平民的利益，特别是手工业者的利益。墨子主张"兼爱"，爱一切人。"非攻"就是反对战争，在当时主要是反对不正义战争。"尚贤"是主张任人唯贤，反对王公贵族的任人唯亲。墨子创立严密的组织，成员被称为墨者。墨者团体的领导者称为巨子，墨者行动必须遵守巨子的指挥。墨家思想一度成为战国时期的显学，他的思想曾被其他学派广泛吸收，但到战国后期逐步不受重视。

法家

法家是战国时期的重要学派之一，因主张以法治国，"不别亲疏，不殊贵贱，一断于法"，故称之为法家。春秋时期，管仲、子产即是法家的先驱。战国初期，李悝、商鞅、申不害、慎到等开创了法家学派。至战国末期，韩非综合商鞅的"法"、慎到的"势"和申不害的"术"，集法家思想学说之大成。

这一学派，经济上主张废井田，重农抑商、奖励耕战；政治上主张废分封，设郡县，君主专制，仗势用术，以严刑峻法进行统治；思想和教育方面，则主张禁断诸子百家学说，以法为教，以吏为师。其学说为君主专制的大一统

法家代表人物韩非子
韩非（约前281年—前233年），出身韩国（今属河南新郑）宗室贵族，为中国古代著名法家思想的代表人物，认为应该要"法""术""势"三者并重，是法家的集大成者。被同窗李斯害死，在韩非死后，秦始皇在他的思想指引下，完成统一六国的帝业。

王朝的建立，提供了理论根据和行动方略，其中最重要的著作是《商君书》和《韩非子》。

法家学派代表新兴地主阶级的利益。早期代表人物有李悝、吴起、商鞅、慎到、申不害等人，后期法家韩非子是专制主义中央集权理论集大成者。

韩非子是荀子的大弟子，与李斯同学，出身于韩国的贵族家庭。《韩非

子》一书是他总结前期法家思想的成果。韩非子注意吸取法家不同学派的长处，提出了"法""术""势"相结合的法治理论。

韩非子认为历史是向前发展的，当代必然胜过古代，人们应该按照现实需要进行政治改革，不必遵循古代的传统。提出了系统的法治理论，主张"以法为本""法不阿贵"，法治的对象是广大臣民，除国君以外，不论贵贱，一律要受法的约束。主张君主要利用权术驾驭大臣，以绝对的权威来震慑臣民。韩非子主张建立君主专制的中央集权的封建国家，国家大权集中在君主一人手里，这迎合了建立大一统专制国家的历史发展趋势。

张仪

荆楚南来又北归，
分明舌在不应违。
怀王本是无心者，
笼得苍蝇却放飞。
——唐·徐夤

化有重要的影响。

合纵派的主要代表人物是苏秦，连横派的主要代表人物是张仪。最后苏秦失败了，张仪胜利了。在张仪、苏秦之后，齐国又出了一位著名的纵横家鲁仲连，人称布衣丞相，布衣之士。在后期最后一次合纵六国抗秦，不过还是以失败告终。

纵横家

纵横家是中国战国时以纵横捭阖之策游说诸侯，从事政治、外交活动的谋士。列为诸子百家之一。

战国时南与北合为纵，西与东连为横，苏秦力主燕、赵、韩、魏、齐、楚合纵以拒秦，张仪则力破合纵，连横六国分别事秦，纵横家由此得名。他们的活动对于战国时政治、军事格局的变

杂家代表人物吕不韦
吕不韦（前292年—前235年），杂家代表人物，杂家是战国末期的综合学派。因"兼儒墨、合名法""于百家之道无不贯综"而得名。吕不韦为秦相时，招集门客编著的《吕氏春秋》，是一部典型的杂家著作集。

上古奇书《山海经》

《山海经》是先秦古籍,具体成书年代及作者不详,过去认为是大禹、伯益所作。现代中国学者一般认为《山海经》成书非一时,作者亦非一人,大约是从战国初年到汉代初年楚人所作,到西汉校书时才合编在一起。一般认为《山海经》记述的是古代神话、地理、动物、植物、矿物、巫术、宗教、历史、医药、民俗及民族等方面的内容。

全书18卷,其中"山经"5卷,"海经"8卷,"大荒经"4卷,"海内经"1卷,共约3.1万字。记载了100多个邦国,550座山,300条水道以及邦国山水的地理、风土物产等信息。

▲ 旋龟

出自《山海经·南山经》。颜色红黑,长着鸟的头、毒蛇的尾巴。据说它的叫声像剖开木头的声音,将其佩带在身上,耳朵不聋。

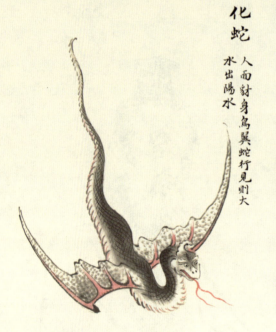

▲ 化蛇

出自《山海经·中山经卷》,人面豺身,背生双翼,行走时如蛇盘行蠕动,声音如妇人叱骂。如其开口,便招致洪水。

▲ 《山海经》书影

《山海经》记载了许多古代中国神话,其中最著名的包括:夸父追日、女娲补天、精卫填海、后羿射九日、黄帝大战蚩尤、共工怒触不周山从而引发大洪水、鲧偷息壤治水成功、天帝取回息壤杀死鲧以及最后大禹治水成功的故事。后世对其有不同的解读。

战国

▼ 儵鱼

出自《山海经·北山经》，形状像长着红色羽毛的鸡，3条尾巴、6只脚、4只眼睛，叫声如喜鹊之鸣，据说吃了它的肉就可无忧无虑。

儵鱼 状如鸡赤毛三尾六足四目 食之已忧 出鼓水

九凰
九首人面鸟身居 此极天㮹之山

▼ 夏后启

出自《山海经·海外西经》，夏后启为神，乘驾着两条飞腾在三重云雾之中的龙，在大乐之野观看《九代》乐舞。

▲ 九凤

出自《山海经·大荒北经》，是一种九首人面鸟身的中国神鸟。凤是中国古代最为崇拜的两大图腾之一，与龙并称。它是吉祥幸福的象征。

夏后启 乘两龙云盖三层左手操翳右手操环

山海经图

221

前475年—前221年

- 前323年 / 魏、赵、韩、燕、中山五国共同称王，史称"五国相王"，周王室权威彻底消失
- 约前320年 / 齐宣王即位，其在位期间，稷下学宫兴盛，出现百家争鸣局面
- 前318年—前311年 / 张仪连横助秦，其间欺骗楚怀王，许诺六百里地变六里
- 前307年 / 赵武灵王进行改革，开始"胡服骑射"
- 前312年 / 马其顿分裂后，亚历山大大帝的部将塞琉西一世建立塞琉西王国
- 前305年 / 埃及托勒密王朝建立，建立者托勒密一世自称埃及法老
- 约前300年 / 欧几里得著《几何原本》
- 前287年 / 阿基米德出生，后成为古希腊著名的哲学家、数学家、物理学家
- 前286年 / 荀子出生，后成为战国时代儒家学派代表
- 前284年 / 乐毅率燕、赵、秦、韩、魏等国军队破齐，几灭齐国
- 前278年 / 秦破楚国郢都，屈原投汨罗江而死
- 前273年 / 印度阿育王即位，在他统治期间，孔雀王朝达到鼎盛，佛教广泛传播
- 前264年 / 罗马与迦太基进行第一次布匿战争
- 前260年 / 秦、赵发生长平之战，秦将白起坑杀赵国降卒约40万
- 前227年 / 燕太子丹使荆轲刺秦，失败
- 前230年—前221年 / 秦先后灭掉韩、赵、魏、楚、燕、齐，秦王嬴政建立大一统的秦王朝，自称始皇帝

中外大事年表对比

- 前445年 / 魏文侯即位,在位期间任用李悝变法
- 前403年 / 周威烈王正式封韩、赵、魏为诸侯
- 前391年 / 齐相田和迁齐康公于海上,自立为齐君,田氏遂有齐国
- 前372年 / 孟子出生,后发展了儒家学说
- 前356年 / 秦孝公任用商鞅进行变法,秦国强大
- 前341年 / 马陵之战,齐国孙膑运用『围魏救赵』的计策,致魏国惨败,由盛转衰
- 前334年 / 苏秦合纵联六国抗秦

- 前449年 / 希腊与波斯订立卡里阿斯和约,希波战争正式结束
- 前431年—前404年 / 伯罗奔尼撒战争,结束了雅典的经典时代,希腊由盛转衰
- 前384年 / 希腊著名哲学家、科学家、教育家亚里士多德出生
- 前337年 / 马其顿腓力二世召开全希腊会议,希腊城邦时代结束
- 前330年 / 马其顿国王亚历山大灭亡波斯
- 前324年 / 古印度摩陀托国旃陀罗笈多(又称月护王)自立为王,建立孔雀王朝

少年中国史
Chinese History for Teenagers

创作团队

【项目策划】尚青云简

【文稿提供】杨玉萍

【图片支持】Fotoe.com　Wikipedia
郝勤建　秋若云　堂潜龙